Tucholsky Wagner Zola Scott Sydow Freud Schlegel
Turgenev Wallace Fonatne
Twain Walther von der Vogelweide Fouqué Friedrich II. von Preußen
Weber Freiligrath
Fechner Fichte Weiße Rose von Fallersleben Kant Ernst Frey
Richthofen Frommel
Fehrs Engels Fielding Eichendorff Tacitus Dumas
Faber Flaubert
Feuerbach Maximilian I. von Habsburg Fock Eliasberg Zweig Ebner Eschenbach
Ewald Eliot Vergil
Goethe Elisabeth von Österreich London
Mendelssohn Balzac Shakespeare Dostojewski Ganghofer
Lichtenberg Rathenau Doyle Gjellerup
Trackl Stevenson Hambruch
Mommsen Tolstoi Lenz Hanrieder Droste-Hülshoff
Thoma
Dach Verne von Arnim Hägele Hauff Humboldt
Karrillon Reuter Rousseau Hagen Hauptmann Gautier
Garschin
Damaschke Defoe Hebbel Baudelaire
Descartes
Hegel Kussmaul Herder
Wolfram von Eschenbach Dickens Schopenhauer Rilke George
Bronner Darwin Melville Grimm Jerome
Campe Horváth Aristoteles Bebel Proust
Bismarck Vigny Barlach Voltaire Federer Herodot
Gengenbach Heine
Storm Casanova Tersteegen Grillparzer Georgy
Chamberlain Lessing Langbein Gilm Gryphius
Brentano Lafontaine
Strachwitz Claudius Schiller Kralik Iffland Sokrates
Bellamy Schilling
Katharina II. von Rußland Gerstäcker Raabe Gibbon Tschechow
Löns Hesse Hoffmann Gogol Wilde Gleim Vulpius
Luther Heym Hofmannsthal Klee Hölty Morgenstern
Roth Heyse Klopstock Goedicke
Luxemburg Puschkin Homer Kleist
La Roche Mörike
Machiavelli Horaz Musil
Navarra Aurel Musset Kierkegaard Kraft Kraus
Nestroy Marie de France Lamprecht Kind Kirchhoff Hugo Moltke
Laotse Ipsen Liebknecht
Nietzsche Nansen
Marx Lassalle Gorki Klett Ringelnatz
von Ossietzky May Leibniz
vom Stein Lawrence Irving
Petalozzi Platon Knigge
Sachs Pückler Michelangelo Kafka
Poe Kock
de Sade Praetorius Mistral Liebermann Korolenko
Zetkin

Die Germania

Publius Cornelius Tacitus

Impressum

Autor: Publius Cornelius Tacitus
Übersetzung: Adolf Bacmeister
Umschlagkonzept: toepferschumann, Berlin

Verlag: tredition GmbH, Hamburg
ISBN: 978-3-8424-9387-2
Printed in Germany

Text der Originalausgabe

Die Germania

von

C. Cornelius Tacitus.

Uebersetzt
von
A. Bacmeister

Stuttgart
Verlag von Paul Neff.
1868.

I. Germanisches Land und Volk im Ganzen.

Grenzen. Hauptflüsse.

Germanien, als Ganzes genommen, ist von Gallien, Rätien und Pannonien durch Rhein und Donau, von Sarmaten und Daken theils durch das gegenseitige Bewußtsein gefährlicher Nachbarschaft, theils durch die natürliche Grenze der Gebirge geschieden. Im übrigen ist es vom Ozean bespült, welcher weit gedehnte Halbinseln und gewaltige Inselgebiete umfaßt, wie man ja erst in neuerer Zeit dort ganze Völkerschaften und Könige kennen lernte, zu welchen der Krieg uns die Bahn erschlossen.

Der Rhein, auf unzugänglichem schroffem Kamme der rätischen Alpen entspringend, macht eine leichte Wendung nach Westen und mündet im nördlichen Ozean. Die Donau, von den gemach und sanft ansteigenden Höhen der Abnoba sich ergießend, strömt an einer Reihe von Völkern vorüber, um endlich in sechs Mündungen sich in das Pontische Meer zu stürzen; ein siebenter Arm verliert sich in Sumpfland.

Caput I

Germania omnis a Gallis Raetisque et Pannoniis Rheno et Danubio fluminibus, a Sarmatis Dacisque mutuo metu aut montibus separatur; cetera Oceanus ambit latos sinus et insularum immensa spatia complectens, nuper cognitis quibusdam gentibus ac regibus, quos bellum aperuit. Rhenus Raeticarum Alpium inaccesso ac praecipiti vertice ortus modico flexu in occidentem versus septentrionali Oceano miscetur; Danubius molli et clementer edito montis Abnobae iugo effusus plures populos adit, donec in Ponticum mare sex meatibus erumpat; septimum os paludibus hauritur.

Die Urzeit.

Die Germanen möchte ich für die ureingeborenen Bewohner dieses Landes halten, für ein Volk das sich wohl kaum mit später zugezogenen fremden Rassen versippt hat. Völker der Urzeit, welche ihre Wohnsitze zu wechseln den Drang fühlten, pflegten nicht den Landweg, sondern den Seeweg zu wählen, und der Ozean, welcher dort oben in endloser, wahrhaft feindseliger Unwirthlichkeit sich ausdehnt, wird doch nur selten von einem Schiffe aus unserer Zone besucht.

Aber auch abgesehen von den Gefahren eines wilden unbekannten Meeres, wen konnte es gelüsten, einem Asien, Afrika, Italien den Rücken zu wenden, um gen Germanien zu wandern, in diese wüsten Landschaften, unter rauhem Himmel, culturlos, düster, unheimlich einem jeden, dem sie nicht eben das Vaterland sind!

In alten Liedern – unter diesem Volke das einzige Hülfsmittel geschichtlicher Erinnerung – singen sie von einem erdgeborenen Gotte Tuisto und seinem Sohne Mannus, den Urahnen und Gründern ihres Geschlechts. Mannus hatte drei Söhne, nach welchen die nördlich, zunächst dem Ozean wohnenden Germanen sich Ingävonen, die mittleren Herminonen, die übrigen Istävonen nennen sollen. Andere dagegen – die Urzeit gibt ja weiten Spielraum – behaupten, es seien mehr Göttersöhne gewesen und mehr Stämme nach ihnen benannt, die

Caput II.

Ipsos Germanos indigenas crediderim, minimeque aliarum gentium adventibus et hospitiis mixtos, quia nec terra olim sed classibus advehebantur qui mutare sedes quaerebant, et immensus ultra utque sic dixerim adversus Oceanus raris ab orbe nostro navibus aditur; quis porro praeter periculum horridi et ignoti maris Asia et Africa aut Italia relicta Germaniam peteret, informem terris, asperam caelo, tristem cultu adspectuque, nisi si patria sit? Celebrant carminibus antiquis, quod unum apud illos memoriae et annalium genus est, Tuistonem deum terra editum et filium Mannum, originem gentis conditoresque. Manno tris filios assignant, e quorum nominibus proximi Oceano Ingaevones, medii Herminones, ceteri Istaevones vocentur. Quidam, ut in licentia vetustatis, plures deo ortos pluresque gentis appellationes, Marsos,

Marsen, Gambrivier, Sueven, Vandalier, und das allein seien die echten alten Namen; das Gesammtwort Germanien selbst sei jünger und erst in neuerer Zeit aufgekommen, indem der Stamm, welcher zuerst den Rhein überschritten und die Gallier zurückgedrängt habe, die heutigen Tungern, damals Germanen genannt worden seien; zuerst hätten die siegreichen Eindringlinge ihr ganzes Volk mit dem Schreckensworte Germanen bezeichnet, dann sei das Volk selbst auf die Erfindung eingegangen und so habe sich mit der Zeit statt eines eigentlichen Volksnamens der Name eines einzelnen Stammes Geltung verschafft.

Gambrivios, Suevos, Vandalios affirmant, eaque vera et antiqua nomina; ceterum Germaniae vocabulum recens et nuper additum, quoniam qui primi Rhenum transgressi Gallos expulerint ac nunc Tungri tunc Germani vocati sint; ita nationis nomen, non gentis, evaluisse paulatim, ut omnes primum a victore ob metum, mox a se ipsis invento nomine Germani vocarentur.

Volkssagen.

Auch unser Herkules, meldet ihre Sage, habe unter den Germanen geweilt, und allen Heldennamen voran wird im Schlachtgesang der seine genannt, wenn es zum Kampfe geht. Uebrigens haben sie noch eine andere Art von Kriegsgesang, dessen Vortrag, Baritus genannt, sie zum Kampfe begeistert und dessen bloßer Klang schon als Wahrzeichen für den Ausgang der Schlacht gilt; ein Schrecken dem Feind oder ihnen, je nachdem es durch die Schlachtreihen dröhnte. Es ist als ob sie nicht Menschenstimmen, sondern die Geister des Krieges selbst in diesem Klange vernähmen. Die Hauptsache ist schauerliche Wildheit und dumpf dröhnender Widerhall, und diesen erzeugen sie, indem sie die Schilde vor den Mund halten, so daß der Ton in der Wölbung sich brechend mit verdoppelter Kraft und Tiefe zurückhallt.

Auch Ulisses, glauben manche, habe auf jener langen, märchenhaften Irrfahrt in das Nordmeer verschlagen das germanische Festland betreten; Asciburg, noch heutzutage eine Stadt am Rhein, verdanke ihm Gründung und Namen; ebendort sei vor Zeiten sogar ein dem Ulisses geweihter Altar mit dem Namen seines Vaters Laertes gefunden worden, und Grabhügel und andere Denkmäler mit griechischen Inschriften sollen heute noch auf der rätisch-germanischen Grenzmark stehen. Lauter Vermuthungen, die ich

Caput III.

Fuisse apud eos et Herculem memorant primumque omnium virorum fortium ituri in praelia canunt. Sunt illis haec quoque carmina, quorum relatu, quem baritum vocant, accendunt animos, futuraeque pugnae fortunam ipso cantu augurantur; terrent enim trepidantve, prout sonuit acies, nec tam vocis ille quam virtutis concentus videtur. Affectatur praecipue asperitas soni et fractum murmur obiectis ad os scutis, quo plenior et gravior vox repercussu intumescat. Ceterum et Ulixem quidam opinantur longo illo et fabuloso errore in hunc Oceanum delatum adisse Germaniae terras, Asciburgiumque, quod in ripa Rheni situm hodieque incolitur, ab illo constitutum nominatumque; aram quin etiam Ulixi consecratam adiecto Laertae patris nomine eodem loco olim repertam, monimentaque et tumulos quosdam Graecis literis inscriptos in

mit eigenen Gründen weder zu stützen noch zu widerlegen gedenke; mag das jeder nach persönlichem Urtheil für Wahrheit oder Dichtung nehmen.

confinio Germaniae Raetiaeque adhuc extare. Quae neque confirmare argumentis neque refellere in animo est; ex ingenio suo quisque demat vel addat fidem.

Körperbeschaffenheit.

Einverstanden dagegen bin ich mit der Annahme, welche die Bevölkerung Germaniens als eine nicht mit fremden Stämmen verquickte betrachtet, sondern als eine eigene, reine, nur sich selbst gleiche Rasse. Daher auch ein und derselbe Körperschlag durch diese ganze, doch so zahlreiche Menschenmasse: das blaue, trotzige Auge, das rothblonde Haar, der gewaltige Wuchs. Eine Kraft allerdings nur zum stürmenden Angriff geschaffen; der anhaltenden Anstrengung, der Arbeit ist sie nicht in gleichem Maße gewachsen. Am allerwenigsten hat den Germanen sein Boden und Klima gegen Durst und Hitze, wohl aber hat er ihn gegen Frost und Hunger gestählt.

Caput IV.

Ipse eorum opinionibus accedo, qui Germaniae populos nullis aliis aliarum nationum conubiis infectos propriam et sinceram et tantum sui similem gentem extitisse arbitrantur. Unde habitus quoque corporum, quamquam in tanto hominum numero, idem omnibus, truces et caerulei oculi, rutilae comae, magna corpora et tantum ad impetum valida; laboris atque operum non eadem patientia; minimeque sitim aestumque tolerare, frigora atque mediam caelo solove assueverunt.

Charakter und Produkte des Landes.

Das Land bietet im einzelnen verschiedene Gestaltungen, aber der allgemeine Charakter ist schauriger Urwald und düsterer Moorgrund. Gegen Gallien hin ist das Klima mehr feucht, gegen Noricum und Pannonien vorherrschend windig. Der Boden ziemlich ergiebig. Obstbäume gedeihen nicht. Das Land ist reich an Vieh, dieses aber meist von kleinem Schlag. Selbst dem Hornvieh fehlt das gewohnte stattliche Wesen und der Stolz des Hauptes. Eine zahlreiche Herde – das ist die Freude des Germanen, das Vieh sein einziger und geliebtester Reichthum.

Ist es der Götter Huld oder Zorn, was ihm Gold und Silber geweigert hat? Und doch möchte ich nicht behaupten, daß Germanien nicht eine Ader Silbers oder Goldes berge; wer hat je darnach gesucht? Aus Besitz oder Gebrauch jener Metalle machen sie sich jedenfalls nicht viel. Man kann silberne Gefässe bei ihnen sehen, Geschenke des Auslands an ihre Gesandten und Fürsten, welche gerade so verwendet werden wie gemeines Thongeschirr. Nur unsere nächsten Grenznachbarn wissen in Folge des Handelsverkehrs Gold und Silber zu schätzen, kennen und bevorzugen auch diese oder jene unserer Münzsorten. Tiefer im Innern herrscht noch der einfache alte Tauschhandel. Von unserem Gelde sind nur alte und längst bekannte Sorten, Serraten und Bigaten,

Caput V.

Terra etsi aliquanto specie differt, in universum tamen aut silvis horrida aut paludibus foeda, humidior qua Gallias, ventosior qua Noricum ac Pannoniam aspicit; satis ferax, frugiferarum arborum impatiens, pecorum fecunda, sed plerumque improcera. Ne armentis quidem suus honor aut gloria frontis; numero gaudent, eaeque solae et gratissimae opes sunt. Argentum et aurum propitiine an irati di negaverint dubito. Nec tamen affirmaverim nullam Germaniae venam argentum aurumve gignere; quis enim scrutatus est? Possessione et usu haud perinde afficiuntur: est videre apud illos argentea vasa legatis et principibus eorum muneri data, non in alia vilitate quam quae humo finguntur; quamquam proximi ob usum commerciorum aurum et argentum in pretio habent formasque quasdam nostrae pecuniae agnoscunt atque eligunt;

beliebt. Silber nehmen sie lieber als Gold, nicht aus besonderer Liebhaberei, sondern weil für Leute, die alle möglichen unbedeutenden Dinge kaufen, der Verkehr in Silbermünze bequemer ist.

– interiores simplicius et antiquius permutatione mercium utuntur. Pecuniam probant veterem et diu notam, serratos bigatosque. Argentum quoque magis quam aurum sequuntur, nulla affectione animi, sed quia numerus argenteorum facilior usui est promiscua ac vilia mercantibus.

Waffen. Pferde. Kriegswesen.

Sogar an Eisen ist kein Ueberfluß, wie sich aus dem Material der Waffen ergibt. Nur wenige führen Schwerter oder größere Lanzen. Ein Speer, in germanischer Sprache eine Frame, ist die allgemeine Waffe; das Eisen schmal und kurz, aber so scharf, und das Ganze so handlich, daß es, je nach Bedürfniß, als Stoß- oder Wurfwaffe dient. Der Reiter begnügt sich mit Schild und Frame, die Fußgänger führen noch andere Wurfgeschosse; jeder hat deren einen Vorrath, und halbnackt, wie sie sind, oder höchstens noch einen leichten Mantel um die Schultern, schleudern sie ihre Waffen auf gewaltige Entfernungen. Von prunkendem Schmucke weiß man nichts; nur den Schild bemalen sie mit einer Auswahl der buntesten Farben. Einen Panzer tragen die wenigsten; kaum ein und der andere Helm oder Haube.

Die Pferde zeichnen sich weder durch Schönheit noch durch Schnelligkeit aus, sind aber auch nicht wie die unsrigen auf kunstvolle Wendungen dressirt; gradaus geht es oder mit einer einzigen Schwenkung etwa nach rechts, in so festgeschlossener Linie, daß keiner hinter dem andern zurückbleibt. Im allgemeinen ist das Fußvolk die Hauptstärke und wird daher auch mitten im Reitergefecht verwendet. Zu einem solchen eignet sich ganz vortrefflich die Schnelligkeit dieser Fußgänger, eines erlesenen Kernes aus der

Caput VI.

Ne ferrum quidem superest, sicut ex genere telorum colligitur. Rari gladiis aut maioribus lanceis utuntur; hastas vel ipsorum vocabulo frameas gerunt, angusto et brevi ferro, sed ita acri et ad usum habili, ut eodem telo, prout ratio poscit, vel comminus vel eminus pugnent. Et eques quidem scuto frameaque contentus est; pedites et missilia spargunt, plura singuli, atque in immensum vibrant nudi aut sagulo leves. Nulla cultus iactatio; scuta tantum lectissimis coloribus distinguunt. Paucis loricae, vix uni alterive cassis aut galea. Equi non forma, non velocitate conspicui; sed nec variare gyros in morem nostrum docentur; in rectum aut uno flexu dextros agunt, ita coniuncto orbe, ut nemo posterior sit. In universum aestimanti plus penes peditem roboris; eoque mixti praeliantur, apta et congruente ad equestrem pugnam velocitate peditum, quos ex

gesammten Kriegsmannschaft, welcher in die vorderste Linie gestellt wird. Auch die Zahl ist bestimmt – hundert aus jedem Gau. Ein Hundert nennen sie selbst diese Mannschaft und was ursprünglich eine abstracte Ziffer war, ist jetzt ein concretes Wort und ein ehrenvoller Name.

Der germanischen Schlachtordnung liegt die Keilform zu Grund. Zurückweichen, wenn man nur wieder vordringt, gilt eher als List denn als Furcht. Die Gefallenen bringt man auch bei ungünstigem Kampf in Sicherheit. Die größte Schmach aber ist das Preisgeben des Schildes; wer es thut ist ehrlos und aus der religiösen und politischen Gemeinschaft verbannt, und schon mancher, den die Schlacht verschonte, hat einem schmachvollen Dasein durch den Strick ein Ende gemacht.

onmi iuventute delectos ante aciem locant. Definitur et numerus; centeni ex singulis pagis sunt idque ipsum inter suos vocantur, et quod primo numerus fuit, iam nomen et honor est. Acies per cuneos componitur. Cedere loco, dummodo rursus instes, consilii quam formidinis arbitrantur. Corpora suorum etiam in dubiis praeliis referunt. Scutum reliquisse praecipuum flagitium; nec aut sacris adesse aut concilium inire ignominioso fas; multique superstites bellorum infamiam laqueo finierunt.

König und Feldherr.

Zum König adelt die Geburt, zum Heerführer die Tapferkeit. Aber die königliche Gewalt ist nicht ein schrankenloses Belieben, und auch der Führer im Feld ist das nicht sowohl durch seine Stellung an sich als durch sein Beispiel. Immer auf dem Platz, immer ein Vorbild, immer voran im Kampf – so gehorcht man ihm, weil man ihn achtet. Ueber Leben und Tod richten darf er nicht, auch keinen fesseln, ja nicht einmal schlagen lassen. Nur der Priester darf dies, und auch dieser vollzieht dann nicht sowohl eine Strafe oder einen Befehl des Führers, sondern das Gebot des Gottes, welcher über der Walstatt waltet; denn das ist germanischer Glaube und darum nehmen sie auch gewisse Bilder und Feldzeichen aus ihren heiligen Hainen in die Schlacht mit.

Der wirksamste Sporn des Heldenmuths aber liegt darin, daß nicht aus Zufall, nicht aus einem beliebigen Zusammenwürfeln heraus die Keile, die Geschwader sich bilden, sondern aus den Familien und Sippschaften. Und diesen in nächster Nähe weilen ihre theuersten Häupter, der Kämpfer hört das Wehrufen seines Weibes, das Weinen seiner Kinder, ihre Zeugschaft ist den Männern die heiligste, ihr Beifall der höchste; zur Mutter, zur Gattin schleppt der Mann seine Wunden und jene zählen und untersuchen sie ihm ohne Zittern und bringen den Kämpfenden Nahrung und Zuspruch ins

Caput VII.

Reges ex nobilitate, duces ex virtute sumunt. Neo regibus infinita aut libera potestas, et duces, exemplo potius quam imperio, si prompti, si conspicui, si ante aciem agant, admiratione praesunt; ceterum neque animadvertere neque vincire, ne verberare quidem nisi sacordotibus permissum, non quasi in poenam nec ducis iussu, sed velut deo imperante, quem adesse bellantibus credunt. Effigiesque et signa quaedam detracta lucis in praelium ferunt. Quodque praecipuum fortitudinis incitamentum est, non casus nec fortuita conglobatio turmam aut cuneum facit, sed familiae et propinquitates; et in proximo pignora, unde feminarum ululatus audiri, unde vagitus infantium. Hi cuique sanctissimi testes, hi maximi laudatores; ad matres, ad coniuges volnera ferunt; nec illae numerare aut exigere plagas pavent, cibosque et hortamina pugnantibus gestant.

Gefecht.

Das Weib.

Von mehr als einer Schlacht erzählt die Geschichte, wo die wankenden und weichenden Reihen von den Frauen zum Stehen gebracht wurden, durch ihr ausdauerndes Bitten und Flehen, und indem sie mit entblößter Brust sich vor die Männer warfen und ihnen das Loos eines gefangenen Weibes vor das Auge stellten. Dieser Gedanke aber ist dem Germanen weit unerträglicher als die eigene Gefangenschaft; und dieses Gefühl ist so stark, daß man selbst ganze Stämme politisch fester bindet, wenn man sie unter andern Geiseln einige Jungfrauen aus dem Adel stellen läßt. Ja den Germanen sind die Frauen geradezu eine Art heiliger und prophetisch begabter Wesen; ihr Rath bleibt nicht unbeachtet, ihr Spruch wird nicht überhört. Wir selbst haben unter dem verewigten Vespasian jene Veleda gesehen, welche lange Zeit und weithin als ein göttliches Wesen gegolten hat. Auch früher schon standen eine Aurinia und andere Frauen in ähnlicher Verehrung. Aber kriechende Schmeichelei war das nicht, so wenig als Vergötterung.

Caput VIII.

Memoriae proditur quasdam acies inclinatas iam et labantes a feminis restitutas constantia precum et obiectu pectorum et monstrata comminus captivitate, quam longe impatientius feminarum suarum nomine timent, adeo ut efficacius obligentur animi civitatum, quibus inter obsides puellae quoque nobiles imperantur. Inesse quin etiam sanctum aliquid et providum putant, nec aut consilia earum aspernantur aut responsa negligunt. Vidimus sub divo Vespasiano Veledam diu apud plerosque numinis loco habitam; sed et olim Auriniam et compluris alias venerati sunt, non adulatione nec tanquam facerent deas.

Religion.

An der Spitze der germanischen Götter steht Merkur; ihm dürfen an bestimmten Tagen sogar Menschenopfer fallen. Ihrem Mars und Herkules huldigen sie nur mit dem Blute von Thieren. Ein Theil der Sueven opfert auch der Isis. Grund und Ursprung dieser Verehrung einer fremden Gottheit ist mir räthselhaft geblieben; auf einen vom Ausland eingedrungenen Cultus deutet jedoch die bildliche Darstellung der Göttin durch eine Liburne. Die Götter zwischen vier Wänden einzusperren oder in beliebiger Menschengestalt darzustellen, entspricht im übrigen nicht der germanischen Anschauung von der Erhabenheit himmlischer Wesen. Wälder und Haine sind ihre Tempel und in die Namen ihrer Götter hüllt sich jene geheimnißvolle Macht, welche einzig in der Andacht des frommen Gedankens sich ihnen offenbart.

Caput IX.

Deorum maxime Mercurium colunt, cui certis diebus humanis quoque hostiis litare fas habent; Herculem ae Martem concessis animalibus placant. Pars Suevorum et Isidi sacrificat; unde causa et origo peregrino sacro, parum comperi, nisi quod signum ipsum in modum liburnae figuratum docet advectam religionem. Ceterum nec cohibere parietibus deos neque in ullam humani oris speciem assimilare ex magnitudine caelestium arbitrantur; lucos ac nemora consecrant, deorumque nominibus appellant secretum illud, quod sola reverentia vident.

Weissagung.

Zeichendeutung und Loos spielt auch bei den Germanen eine große Rolle. Das Verfahren beim Loosen ist einfach. Man schneidet einen Zweig von einem Fruchtbaum in kleine Stücke, ritzt auf jedes gewisse Zeichen ein und wirft sie aufs gerathewohl über ein weißes Tuch hin; ist es eine öffentliche Sache, so hebt der Priester, in Privatangelegenheiten der Familienvater unter Gebet und Aufblick zum Himmel drei Späne nach einander auf und gibt sodann aus den eingeschriebenen Zeichen seine Deutung. Sind sie verneinend, so erfolgt an dem laufenden Tage keine zweite Befragung; wenn bejahend, so bedürfen sie immer noch der Bestätigung durch die Auspicien.

Von letzteren sind Flug und Stimme der Vögel auch den Germanen bekannt; eigenthümlich aber ist ihnen die Weissagung und Berathung durch das Pferd. In den obenerwähnten Hainen und Gehölzen werden von Gemeindewegen Rosse gehalten, schneeweiß und nie durch einen irdischen Dienst entweiht. Diese werden an den heiligen Wagen geschirrt und der Priester mit dem König oder dem sonstigen Staatsoberhaupt geht nebenher und beobachtet das Wiehern und Schnauben der Thiere. Ein Vertrauen wie dieses genießt keine andere Art von Zeichen, und zwar nicht nur bei der Menge, sondern auch bei den Häuptlingen und Priestern; die beiden

Caput X.

Auspicia sortesque ut qui maxime observant. Sortium consuetudo simplex: virgam frugiferae arbori decisam in surculos amputant, eosque notis quibusdam discretos super candidam vestem temere ac fortuito spargunt; mox, si publice consuletur, sacerdos civitatis, sin privatim, ipse pater familiae, precatus deos caelumque suspiciens, ter singulos tollit, sublatos secundum impressam ante notam interpretatur; si prohibuerunt, nulla de eadem re in eundem diem consultatio; sin permissum, auspiciorum adhuc fides exigitur. Et illud quidem etiam hic notum avium voces volatusque interrogare; proprium gentis equorum quoque praesagia ac monitus experiri. Publice aluntur isdem nemoribus ac lucis candidi ac nullo mortali opere contacti; quos pressos sacro curru sacerdos ac rex vel princeps civitatis comitantur, hinnitusque ac fremitus observant; nec ulli auspi-

letztern betrachten jene Thiere als Eingeweihte der Götter, sich selbst als Vermittler.

Noch besteht eine dritte Art der prophetischen Deutung durch welche auf den Erfolg eines ernsten Krieges voraus gerathen wird. Man sucht sich aus dem feindlichen Stamm auf irgend eine Weise einen Gefangenen zu verschaffen und stellt ihn einem erlesenen Kämpen des eigenen Volkes gegenüber, jeden in seiner heimischen Rüstung. Der Sieg des einen oder des andern gilt als Vorbedeutung für den ganzen Krieg.

cio maior fides, non solum apud plebem, sed apud proceres, apud sacerdotes; se enim ministros deorum, illos conscios putant. Est et alia observatio auspiciorum, qua gravium bellorum eventus explorant; eius gentis, cum qua bellum est, captivum quoquo modo interceptum cum electo popularium suorum, patriis quemque armis, committunt; victoria huius vel illius pro praeiudicio accipitur.

Volksversammlung.

Ueber minder bedeutende Angelegenheiten berathen die Häuptlinge, über die wichtigeren die Gesammtheit. Indessen auch wo dem Volke die Entscheidung zusteht, wird die Sache von den Häuptlingen durchgesprochen. Für diese Berathungen haben sie, wenn kein unerwarteter Zufall eintritt, ihre festen Tage, und zwar gelten Neumond oder Vollmond als günstigste Zeit für die Staatsgeschäfte. Der Germane rechnet aber nicht wie wir nach Tagen, sondern nach Nächten; so wird beraumt, so wird berufen; Herrscherin ist die Nacht; in ihrem Gefolge der Tag.

Eine Schattenseite germanischer Freiheit ist es, daß die Versammlungen nicht gleichzeitig, nicht zur gebotenen Frist zusammentreten und oft zwei und drei Tage mit Warten verloren gehen. Im Rathe selbst setzt sich jeder nach Belieben, und zwar in Wehr und Waffen. Der Priester gebietet Schweigen; ihm steht hier auch das Recht der Ahndung zu. Sodann ergreift der König, der Häuptling das Wort, jeder überhaupt welchen Alter, Geburt, Kriegsruhm, Beredsamkeit befähigen; und jeder mehr auf das Gewicht seiner Meinung als auf die Gewalt seines Machtspruchs gestützt. Findet eine Ansicht keinen Beifall, so geht ein verneinendes Murren, gefällt sie, so tönt das Klirren der Speere durch die Versammlung. Waffenklang ist das ehrenvollste Zeichen des Beifalls.

Caput XI.

De minoribus rebus principes consultant, de maioribus omnes, ita tamen ut ea quoque, quorum penes plebem arbitrium est, apud principes pertractentur. Coeunt, nisi quid fortuitum et subitum incidit, certis diebus, cum aut inchoatur luna aut impletur; nam agendis robus hoc auspicatissimum initium credunt. Nec dierum numerum, ut nos, sed noctium computant; sic constituunt, sic condicunt; nox ducere diem videtur. Illud ex libertate vitium, quod non simul nec ut iussi conveniunt, sed et alter et tertius dies cunctatione coeuntium absumitur. Ut turbae placuit, considunt armati; silentium per sacerdotes, quibus tum et coercendi ius est, imperatur; mox rex vel princeps, prout aetas cuique, prout nobilitas, prout decus bellorum, prout facundia est, audiuntur, auctoritate suadendi magis quam iubendi potestate. Si displicuit sententia, fremitu

aspernantur; sin placuit, frameas concutiunt; honoratissimum assensus genus est armis laudare.

Strafen und Gericht.

Diese Versammlungen sind auch offen für Klage und peinliches Gericht. Die Art der Strafe wird aus dem Wesen des Vergehens entnommen. Verräther und Ueberläufer hängt man an einem Baum auf; Feigheit, Fahnenflucht und widernatürliche Wollust wird geahndet, indem man den Schuldigen in Schlamm und Sumpf wirft und unter darüber geworfenem Flechtwerk erstickt. Dieser Anwendung zweier entgegengesetzter Todesarten liegt das Gefühl zu Grunde, daß ein *Verbrechen* gleichzeitig mit seiner Bestrafung vor die Oeffentlichkeit gestellt, eine *Schändlichkeit* ihr entzogen werden müsse.

Aber auch bei leichteren Vergehen findet Abstufung der Strafen statt. Letztere bestehen in einer Buße an Pferden und Vieh; eine Hälfte derselben fällt dem König oder der Volksgemeinde zu, die andere dem Geschädigten oder seinen Angehörigen.

Endlich werden in jenen Versammlungen die Häuptlinge gewählt welche in den einzelnen Gauen und Marken die Rechtspflege zu üben haben. Jedem Gewählten stehen hundert Männer aus dem Volke als Rath und zugleich als Behörde zur Seite.

Caput XII.

Licet apud concilium accusare quoque et discrimen capitis intendere. Distinctio poenarum ex delicto: proditores et transfugas arboribus suspendunt, ignavos et imbelles et corpore infames coeno ac palude iniecta insuper crate mergunt. Diversitas supplicii illuc respicit, tanquam scelera ostendi oporteat, dum puniuntur, flagitia abscondi. Sed et levioribus delictis pro modo poena: equorum pecorumque numero convicti multantur; pars multae regi vel civitati, pars ipsi qui vindicatur vel propinquis eius exsolvitur. Eliguntur in isdem conciliis et principes, qui iura per pagos vicosque reddunt; centeni singulis ex plebe comites, consilium simul et auctoritas, assunt.

Wehrhaftmachung. Gefolgschaft.

Niemals aber, es sei in gemeinsamer oder eigener Sache, erscheint der Germane anders als in Wehr und Waffen. Diese jedoch darf keiner eher anlegen als bis ihn die Gemeinde für wehrfähig erklärt hat. Dies geschieht, indem ein Häuptling oder der Vater oder ein Verwandter in öffentlicher Versammlung den Jüngling mit Schild und Frame bewehrt. Das ist ihre Toga, das ist der Jugend erster Ehrenschmuck; bis dahin war der Jüngling ein Glied der Familie, fortan gehört er dem Staate. Edles Blut jedoch oder hohes Verdienst des Vaters verleiht schon dem Unerwachsenen die adeliche Würde; er darf sich den stärkeren und längst wehrhaften zugesellen und braucht nicht zu erröthen, wenn er im Gefolg eines andern erscheint.

Ihre Rangstufen hat ja sogar die Gefolgschaft selbst, nemlich in dem Urtheil dessen um den sie sich schart. Und ein mächtiger Wetteifer herrscht daher unter Gefolgsleuten und Führern; bei jenen gilt es, wer seinem Häuptling am nächsten komme, bei diesen, wer das größte und tüchtigste Gefolge zähle. Das heißt Ehre, heißt Stärke; stets von einer zahlreichen Schar erlesener Degen umdrängt zu sein – im Frieden des Häuptlings Stolz, im Kriege sein Schirm und Schutz. Und nicht nur im eigenen Volke gilt, auch in die Nachbarstaaten dringt Ruhm und Name des Mannes der durch Zahl und Tüchtigkeit seines

Caput XIII.

Nihil autem neque publicae neque privatae rei nisi armati agunt; sed arma sumere non ante cuiquam moris quam civitas suffecturum probaverit. Tum in ipso concilio vel principum aliquis vel pater vel propinquus scuto frameaque iuvenem ornant; – haec apud illos toga, hic primus iuventae honos – ante hoc domus pars videntur, mox reipublicae. Insignis nobilitas aut magna patrum merita principis dignationem etiam adulescentulis assignant; ceteris robustioribus ac iam pridem probatis aggregantur. Nec rubor inter comites aspici; gradus quin etiam ipse comitatus habet iudicio eius quem sectantur, magnaque et comitum aemulatio, quibus primus apud principem suum locus, et principum, cui plurimi et acerrimi comites. Haec dignitas, hae vires; magno semper electorum iuvenum globo circumdari, in pace decus, in bello praesidium. Nec

Gefolges hervorragt. Gesandtschaften suchen ihn auf, ehrende Geschenke werden ihm gebracht und er allein schlägt oft einen ganzen Krieg durch den Klang seines Namens nieder.

solum in sua gente cuique, sed apud finitimas quoque civitates id nomen, ea gloria est, si numero ac virtute comitatus emineat; expetuntur enim legationibus et muneribus ornantur et ipsa plerumque fama bella profligant.

Im Krieg.

Einmal aber im Gemenge der Schlacht ist es eine Schmach für den Führer, sich an Tapferkeit übertreffen zu lassen, eine Schmach dem Gefolge, hinter des Führers Tapferkeit zurückzubleiben; vollends aber fürs ganze Leben entehrende Schande, wenn einer, dem der Führer gefallen, lebend aus dem Kampfe weicht. Den Herrn zu schirmen und zu wahren, ja die eigene Heldenthat der Verherrlichung des Häuptlings zu opfern – das ist erste heilige Kriegerpflicht. Der Herr kämpft um den Sieg, die Mannen um ihren Herrn.

Wenn das eigene Heimatland in allzulangem Frieden brach und müßig liegt, so zieht gar oft die adeliche Jugend hinaus nach einem fremden Lande dessen Volk gerade Krieg führt. Ein ruhiges Leben behagt dem Germanen nicht, der Ruhm gedeiht besser unter Kampf und Gefahr, und auch jene großen Gefolgschaften kann nur Gewalt und Krieg zusammenhalten. Die Freigebigkeit des Häuptlings ist es, welche jene germanischen Schlachtrosse, jene blutigen siegreichen Speere ins Feld treibt.

Den Sold nemlich ersetzen diesen Gefolgschaften Schmausereien und reiche, wenn auch ungeschlachte Gelage, und zu solchem Aufwand muß Krieg und Raub die Mittel schaffen. Seinen Boden zu pflügen, den Ertrag des Jahres abzuwarten – dazu möchte der Germane sich schwerer entschlie-

Caput XIV.

Cum ventum in aciem, turpe principi virtute vinci, turpe comitatui virtutem principis non adaequare; iam vero infame in omnem vitam ac probrosum superstitem principi suo ex acie recessisse. Illum defendere, tueri, sua quoque fortia facta gloriae eius assignare praecipuum sacramentum est; principes pro victoria pugnant, comites pro principe. Si civitas in qua orti sunt longa pace et otio torpeat, plerique nobilium adulescentium petunt ultro eas nationes, quae tum bellum aliquod gerunt, quia et ingrata genti quies, et facilius inter ancipitia clarescunt, magnumque comitatum non nisi vi belloque tueare. Exigunt enim principis sui liberalitate illum bellatorem equum, illam cruentam victricemque frameam. Nam epulae et, quamquam incompti, largi tamen apparatus pro stipendio cedunt; materia munificentiae per bella et raptus. Nec arare terram aut

ßen als den Feind zu fordern und sich Wunden zu holen. Faulheit, ja Feigheit heißt es bei ihm, wer im Schweiß seines Angesichtes sich erwirbt, was er mit seinem Blute gewinnen kann.

expectare annum tam facile persuaseris quam vocare hostem et volnera mereri; pigrum quin immo et iners videtur sudore acquirere, quod possis sanguine parare.

Im Frieden.

Liegt er nicht zu Feld, so gehören seine Tage dem Waidwerk, noch mehr aber dem geliebten Nichtsthun, dem Schlafen, Essen und Trinken. In thatenloser Ruhe liegen diese tapfern kriegerischen Leute, die Sorge für Haus und Herd und Feld ist den Weibern und Alten und jedem Schwächling der Familie überlassen, die Männer sehen müßig zu. Wundersamer Widerspruch der Natur, welche in diesen Menschen den Widerwillen gegen die Unthätigkeit mit der Leidenschaft des Nichtsthuns vereint hat!

Nach Landessitte bringt jeder Bürger seinem Häuptling eine freiwillige Steuer in Vieh oder Frucht; was dieser als Ehrengabe entgegennimmt, dient zugleich zur Bestreitung seines Aufwandes. Vor allem willkommen sind Geschenke benachbarter Staaten, wie solche nicht nur von Einzelnen, sondern auch im Namen der Gesammtheit überreicht werden – edle Rosse, gewaltige Waffenstücke, Pferdegeschirr und Halsketten. Neuerdings haben sie von uns gelernt auch Geld anzunehmen.

Caput XV.

Quoties bella non ineunt, multum venatibus, plus per otium transigunt dediti somno ciboque; fortissimus quisque ac bellicosissimus nihil agens, delegata domus et penatium et agrorum cura feminis senibusque et infirmissimo cuique ex familia: ipsi hebent, mira diversitate naturae, cum iidem homines sic ament inertiam et oderint quietem. Mos est civitatibus ultro ac viritim conferre principibus vel armentorum vel frugum, quod pro honore acceptum etiam necessitatibus subvenit. Gaudent praecipue finitimarum gentium donis, quae non modo a singulis sed publice mittuntur, electi equi magna arma, phalerae torquesque: iam et pecuniam accipere docuimus.

Wohnung.

Daß die Völker germanischen Stammes keine Städte haben, ja überhaupt zusammenhängenden Wohnsitzen abhold sind, ist allbekannt. Jeder wohnt für sich und von den Nachbarn entfernt, wie gerade ein Quell, ein Feld, ein Gehölz zur Siedlung ladet. Der germanische Weiler bildet nicht die geschlossenen Häuserreihen des römischen Dorfes; jeder stellt sein Haus nach allen Seiten frei, vielleicht zum Schutz gegen Feuersgefahr, vielleicht weil man es überhaupt nicht besser versteht. Sogar Steinbau und Ziegeldach sind unbekannt; alles ist von Holz, plump und ohne Rücksicht auf Auge und Schönheit. Nur werden einzelne Theile des Baus mit einer feinen glänzenden Lehmart übertüncht und erinnern so einigermaßen an Malerei und Farbenornamentik.

Auch unterirdische Höhlen graben sie sich, belasten die Wölbung noch mit einer dichten Dungschichte und schaffen sich so eine Zuflucht für den Winter und einen Bergungsort für Lebensmittel. Ein solcher Bau macht die Strenge der Winterkälte erträglicher. Fällt aber der Feind ins Land, so plündert er doch nur was offen da liegt, jene in der Tiefe verborgenen Schätze kennt er entweder nicht oder sie entgehen ihm, weil er sie vorher suchen müßte.

Caput XVI.

Nullas Germanorum populis urbes habitari satis notum est; ne pati quidem inter se iunctas sedes; colunt discreti ac diversi, ut fons, ut campus, ut nemus placuit. Vicos locant, non in nostrum morem connexis et cohaerentibus aedificiis; suam quisque domum spatio circumdat, sive adversus casus ignis remedium sive inscitia aedificandi. Ne caementorum quidem apud illos aut tegularum usus; materia ad omnia utuntur, informi et citra speciem aut delectationem; quaedam loca diligentius illinunt terra ita pura ac splendente, ut picturam ac lineamenta colorum imitetur. Solent et subterraneos specus aperire, eosque multo insuper fimo onerant, suffugium hiemi et receptaculum frugibus, quia rigorem frigorum eiusmodi locis molliunt, et si quando hostis advenit, aperta populatur, abdita autem et defossa aut ignorantur aut eo ipso fallunt, quod

quaerenda sunt.

Kleidung.

Allgemeine Volkstracht ist eine Art Mantel, den eine Spange, in deren Ermanglung ein Dorn zusammenhält. So liegen sie, ohne weitere Gewandung, tagelang am Herdfeuer. Nur sehr Wohlhabende zeichnen sich durch eine eigentliche Kleidung aus, die aber nicht, wie die sarmatische und persische, weitfaltig, sondern im Gegentheil enganschließend ist und jedes Glied hervortreten läßt. Auch Thierfelle werden getragen; in der Nähe des Rheins ohne viel Umstände, weiter im Innern mit mehr Sorgfalt, weil kein Handelsverkehr sonstige Putzwaren dorthin führt. Der Binnenländer ist daher mit den verschiedenen Thierarten wählerisch und verbrämt deren Felle noch mit dem Buntwerk gewisser Thiere, das vom nordöstlichen Ozean und unbekannten Gestaden kommt.

Die weibliche Tracht unterscheidet sich von der männlichen nur in sofern als bei den Frauen leinene, durch Purpurroth gehobene Gewänder häufiger sind. Diese Kleider haben keine Aermel, Unter- und Oberarm sind bloß und auch ein Theil der Brust bleibt unbedeckt.

Caput XVII.

Tegumen omnibus sagum fibula aut, si desit, spina consertum; cetera intecti totos dies iuxta focum atque ignem agunt. Locupletissimi veste distinguuntur non fluitante, sicut Sarmatae ac Parthi, sed stricta et singulos artus exprimente. Gerunt et ferarum pelles, proximi ripae neglegenter, ulteriores exquisitius, ut quibus nullus per commercia cultus; eligunt feras et detracta velamina spargunt maculis pellibusque beluarum, quas exterior Oceanus atque ignotum mare gignit. Nec alius feminis quam viris habitus, nisi quod feminae saepius lineis amictibus velantur eosque purpura variant partemque vestitus superioris in manicas non extendunt, nudae brachia ac lacertos; sed et proxima pars pectoris patet.

Die Ehe.

Aber – die eheliche Sitte ist streng und *sie* bildet wohl die achtungswertheste Seite germanischer Zustände. Die Germanen sind fast das einzige Barbarenvolk welches sich mit Einem Weibe begnügt. Ausnahmen sind sehr selten und auch dann liegt nicht die Sinnlichkeit zu Grunde, sondern es ist die hohe Stellung eines Mannes welche ihn zum Gegenstand mehrfältiger Werbung macht.

Die Morgengabe bringt nicht das Weib dem Manne, sondern dem Weibe der Mann. Bei der Ueberreichung finden sich Eltern und Verwandte ein und mustern die Geschenke. Geschenke – aber nicht weibliche Luxusdinge oder Schmucksachen für die Neuvermählte, sondern Rinder und ein gezäumtes Roß und ein Schild mit Schwert und Speer. Gegen diese Gaben wird die Frau dem Manne zutheil, dem sie selbst ihrerseits einige Waffen zubringt. Diese Dinge gelten als das festeste Band, als das heilige Geheimniß, als die Schirmgötter der Ehe. Das Weib soll nicht wähnen, daß sie außerhalb der männlichen Gedankenwelt, außerhalb der kriegerischen Ereignisse stehe. Darum wird sie schon auf der Schwelle des Ehestands belehrt, daß sie eintritt als Genossin von Mühsal und Gefahr, im Frieden und im Kriege mit dem Manne zu dulden und zu wagen. Also verkünden ihr die gejochten Rinder, das gezäumte Roß, die dargebrachten Wagen; so muß sie

Caput XVIII.

Quanquam severa illic matrimonia, nec ullam morum partem magis laudaveris; nam prope soli barbarorum singulis uxoribus contenti sunt, exceptis admodum paucis, qui non libidine sed ob nobilitatem plurimis nuptiis ambiuntur. Dotem non uxor marito, sed uxori maritus offert; intersunt parentes et propinqui ac munera probant; munera non ad delicias muliebres quaesita, nec quibus nova nupta comatur, sed boves et frenatum equum et scutum cum framea gladioque. In haec munera uxor accipitur, atque in vicem ipsa armorum aliquid viro affert; hoc maximum vinculum, haec arcana sacra, hos coniugales deos arbitrantur. Ne se mulier extra virtutum cogitationes extraque bellorum casus putet, ipsis incipientis matrimonii auspiciis admonetur venire se laborum periculorumque sociam, idem in pace, idem in praelio passu-

leben, so muß sie sterben; was sie heut empfängt, das soll sie unentweiht und in Ehren dereinst ihren Söhnen übergeben, von diesen sollen es ihre Schwiegertöchter entgegennehmen, ihre Enkel es erben.

ram ausuramque; hoc iuncti boves, hoc paratus equus, hoc data arma denuntiant; sic vivendum, sic pereundum; accipere se quae liberis inviolata ac digna reddat, quae nurus accipiant rursus, quae ad nepotes referantur.

So lebt die Frau im Kreise keuscher Sitte dahin, nicht verderbt vom Sinnenreiz eines Theaters, vom Taumel der Gelage. Von den Heimlichkeiten eines brieflichen Verkehrs weiß weder Mann noch Weib. Ehebruch ist unter diesem doch so zahlreichen Volke ein äußerst seltener Fall, und die Strafe, dem Mann überlassen, folgt dem Vergehen auf dem Fuß. Mit abgeschnittenen Haaren, kleiderlos, in Gegenwart der Verwandtschaft jagt der Gatte die Schuldige zum Hause hinaus und peitscht sie das ganze Dorf entlang. Für entweihte Keuschheit gibt es keine Gnade; nicht Schönheit noch Jugend noch Reichthum schafft ihr einen Gatten. Da freilich lacht man nicht über das Laster und mit den Schlechten schlecht zu sein heißt man nicht den Geist der Zeit. Besser wenigstens steht es bis jetzt noch mit einem Lande wo nur die Jungfrau sich vermählt, wo mit der Hoffnung und dem Gelübde der Gattin das Leben für immer abgeschlossen liegt. Einmal nur, gleichwie sie Leib und Leben nur einmal empfieng, so hat sie den Gatten empfangen, auf daß über ihn hinaus fortan kein Gedanke gehe, kein Gelüste sich verirre, auf daß sie gleichsam in dem Gatten nicht den Gatten, sondern die Ehe liebe.

Der Kinderzahl eine willkürliche Schranke zu setzen oder ein nachgeborenes zu tödten gilt als Verruchtheit, und die gute Sitte wirkt dort mehr als

Caput XIX.

Ergo septa pudicitia agunt, nullis spectaculorum illecebris, nullis conviviorum irritationibus corruptae. Literarum secreta viri pariter ac feminae ignorant. Paucissima in tam numerosa gente adulteria; quorum poena praesens et maritis permissa: accisis crinibus, nudatam coram propinquis expellit domo maritus, ac per omnem vicum verbere agit. Publicatae enim pudicitiae nulla venia; non forma, non aetate, non opibus maritum invenerit; nemo enim illic vitia ridet, nec corrumpere et corrumpi saeculum vocatur. Melius quidem adhuc eae civitates, in quibus tantum virgines nubunt et cum spe votoque uxoris semel transigitur; sic unum accipiunt maritum, quomodo unum corpus unamque vitam, ne ulla cogitatio ultra, ne longior cupiditas, ne tanquam maritum sed tanquam matrimonium ament. Numerum liberorum finire aut quem-

anderswo gute Gesetze.

quam ex agnatis necare flagitrum habetur; plus-que ibi boni mores valent quam alibi bonae leges.

Die Familie.

So wächst, Haus für Haus, nackt und dürftig die Jugend heran zu jenem Gliederbau, zu jenen Riesengestalten, an denen wir staunend hinaufschauen. Seiner eigenen Mutter Brust hat jeden ernährt, keiner Magd- und Ammenwirthschaft verfällt das Kind. Das edelgeborene sondert keine feinere Pflege vom unedlen; auf dem gleichen Boden kriechen beide zwischen den Thieren des Hauses umher, bis das Alter den Freigeborenen scheidet, der männliche Werth ihn adelt. Spät erst kostet der Jüngling die Liebe, und darum auch seine unerschöpfliche Manneskraft.

Auch mit den Mädchen übereilt man sich nicht. Ihre Jugend ist die gleiche, und fast auch ihr Wuchs. In ebenbürtiger Kraft finden sich Jüngling und Jungfrau, und die Stärke der Eltern spiegelt sich in den Kindern.

Die Söhne der Schwester stehen dem Oheim so nahe wie ihrem eigenen Vater. Manche halten sogar dieses Band der Verwandtschaft für das heiligere und engere und nehmen daher lieber den Neffen zum Geisel; ein solcher, glauben sie, sei eine festere Bürgschaft für die Gewissen und eine umfassendere für den Kreis der betroffenen Familie. Erben und Nachfolger jedoch bleiben die eigenen Kinder und ein Testament bedarf es nicht. Sind keine Kinder da, so folgen als die nächsten im Besitzrecht die Brüder und die Oheime von väterlicher und

Caput XX.

In omni domo nudi ac sordidi in hos artus, in haeo corpora, quae miramur, excrescunt. Sua quemque mater uberibus alit, nec ancillis ac nutricibus delegantur. Dominum ac servum nullis educationis deliciis dignoscas: inter eadem pecora, in eadem humo degunt, donec aetas separet ingenuos, virtus agnoscat. Sera iuvenum venus, eoque inexhausta pubertas. Nec virgines festinantur; eadem iuventa, similis proceritas; pares validaeque miscentur, ac robora parentum liberi referunt. Sororum filiis idem apud avunculum qui ad patrem honor; quidam sanctiorem artioremque hunc nexum sanguinis arbitrantur, et in accipiendis obsidibus magis exigunt, tanquam ii et animum firmius et domum latius teneant. Heredes tamen successoresque sui cuique liberi, et nullum testamentum; si liberi non sunt, proximus gradus in possessione fratres, patrui,

mütterlicher Seite. Je größer die Verwandtschaft, je weiter der Kreis der Verschwägerung, desto freundlicher gestaltet sich das Alter; die Kinderlosigkeit hat ihren Lohn dahin.

avunculi. Quanto plus propinquorum, quo maior affinium numerus, tanto gratiosior senectus, nec ulla orbitatis pretia.

Fehden. Gastfreundschaft.

Auch in die Fehden seines Vaters oder eines Verwandten muß der Nachfolger als Erbe eintreten, so gut wie in die freundschaftlichen Verbindungen. Doch brauchen die ersteren nicht unversöhnlich fortzuerben; selbst Todtschlag kann durch eine bestimmte Anzahl großen oder kleinen Viehs gesühnt werden, und die Buße gilt für das ganze Haus des Geschädigten. Dem Gemeinwesen kommt diese Sitte zu gut, denn Privatfehden sind bei solcher Freiheit doppelt gefährlich.

Für gesellige Gelage und gastliches Leben hegt kein anderes Volk so unbeschränkte Leidenschaft. Einen Menschen, er sei wer er wolle, von seiner Schwelle zu weisen, wäre Missethat. Je nach Vermögen tischt jeder dem Fremden sein Bestes auf. Ist der Vorrath zu Ende, so macht der Wirth den Wegweiser zu einer neuen Herberge; er geht selbst mit und ungeladen treten beide in das Nachbarhaus, unterschiedslos werden beide mit der gleichen Freundlichkeit begrüßt; ob bekannt oder unbekannt, darnach fragt in Sachen des Gastrechts kein Mensch. Beim Abschiede gehört es sich, dem Gaste zu bewilligen was er etwa sich ausbittet, und der Wirth macht seinerseits ebensowenig Umstände; solche Geschenke machen ihnen Vergnügen. Aber was einer gibt, das rechnet er nicht an, was er empfängt, das verpflichtet ihn nicht. Das ganze Verhältniß zwischen Wirthen und Gästen ist

Caput XXI.

Suscipere tam inimicitias seu patris seu propinqui quam amicitias necesse est. Nec implacabiles durant; luitur enim etiam homicidium certo armentorum ac pecorum numero, recipitque satisfactionem universa domus, utiliter in publicum, quia periculosiores sunt inimicitiae iuxta libertatem. Convictibus et hospitiis non alia gens effusius indulget. Quemcunque mortalium arcere tecto nefas habetur; pro fortuna quisque apparatis epulis excipit; cum defecere, qui modo hospes fuerat, monstrator hospitii et comes; proximam domum non invitati adeunt; nec interest, pari humanitate accipiuntur; notum ignotumque, quantum ad ius hospitis, nemo discernit. Abeunti, si quid poposcerit, concedere moris; et poscendi in vicem eadem facilitas; gaudent muneribus, sed nec data imputant nec acceptis obligantur. Victus inter hospites comis.

ein herzliches.

Lebensweise. Gelage. Nahrung.

Vom Schlaf weg, der gewöhnlich tief in den Tag hinein dauert, wird gebadet; meist warm, wie natürlich in einem so vorherrschend winterlichen Klima. Auf das Bad folgt ein Imbiß; jeder hat seinen besonderen Sitz und seinen eigenen Tisch. Sodann geht es an die Geschäfte oder auch, ebenso häufig, zum Gelage, stets mit den Waffen. Tage und Nächte durchzuzechen hat durchaus nichts Anstößiges. Natürliche Folge solcher Trunksucht sind häufige Händel, und selten bleibt es bei Worten, meistens endet es mit Todtschlag und Wunden. Aber auch Versöhnung von Feindschaften, Anknüpfung verwandtschaftlicher Bande, Wahl der Häuptlinge, sogar Krieg und Friede werden gewöhnlich beim Trunke berathen, als sei, möchte man meinen, nur zu solcher Stunde die Seele fähig sich einem einfachen Gedanken zu erschließen, für einen großen sich zu erwärmen. Da ist noch ein Volk ohne Arglist und Verschlagenheit, das in ungezwungenem Scherze die Geheimnisse seiner Brust erschließt. So liegt denn eines jeden Meinung heute nackt und offen, morgen wird sie noch einmal durchgeprüft, und beides, das Gestern und das Heute, kommt zu seinem Rechte: sie berathen wo sie nicht zu heucheln vermögen, sie beschließen, wo sie nicht irren können.

Caput XXII.

Statim e somno, quem plerumque in diem extrahunt, lavantur, saepius calida, ut apud quos plurimum hiems occupat; lauti cibum capiunt. Separatae singulis sedes et sua cuique mensa. Tum ad negotia nec minus saepe ad convivia procedunt, armati; diem noctemque continuare potando nulli probrum. Crebrae ut inter vinolentos rixae raro conviciis, saepius caede et volneribus transiguntur. Sed et de reconciliandis in vicem inimicis et iungendis affinitatibus et asciscendis principibus, de pace denique ac bello plerumque in conviviis consultant, tanquam nullo magis tempore aut ad simplices cogitationes pateat animus aut ad magnas incalescat; gens non astuta nec callida aperit adhuc secreta pectoris licentia ioci. Ergo detecta et nuda omnium mens postera die retractatur, et salva utriusque temporis ratio est: deliberant, dum fingere nesciunt, con-

stituunt, dum errave non
possunt.

Ihr Getränke bereiten sie aus Gerste oder Weizen, ein Gebräu das einigermaßen Aehnlichkeit mit geringem Weine hat. Die nächsten Anwohner des Rheins kaufen auch den Wein selbst. Die Speisen sind einfach, wildes Obst, frisches Wildbret oder saure Milch; ohne Aufwand, ohne Leckerbissen begnügen sie sich den Hunger zu stillen. Dem Durste gegenüber bleibt ihre Mäßigkeit nicht die gleiche; wer hier den Germanen an seiner Schwäche faßt, ihm zu trinken schafft soviel sein Herz begehrt, der wird ihn künftig ebenso leicht durch seine eigenen Laster als durch Waffengewalt überwinden.

Caput XXIII.

Potui humor ex hordeo aut frumento in quandam similitudinem vini corruptus: proximi ripae et vinum mercantur. Cibi simplices; agrestia poma, recens fera aut lac concretum; sine apparatu, sine blandimentis expellunt famem: adversus sitim non eadem temperantia; si indulseris ebrietati, suggerendo quantum concupiscunt, haud minus facile vitiis quam armis vincentur.

Spiel und Spielwuth.

Von theatralischen Darstellungen ist nur eine einzige bekannt die sich bei jeder geselligen Vereinigung gleich bleibt. Junge Leute, denen die Sache Freude macht, tummeln sich nackt zwischen Schwertern und drohenden Speeren umher. Uebung führt zur Gewandtheit, die Gewandtheit zur Anmuth. Von Gewerb oder Bezahlung ist keine Rede, es wäre denn das Vergnügen der Zuschauer, welches die verwegenen Springer lohnt.

Wohl aber mag ihr Würfelspielen auffallen. Bei nüchternem Kopf, in geschäftsmäßigem Ernst treiben sie es mit solch toller Leidenschaft für Gewinn und Verlust, daß, wenn alles verloren ist, Freiheit und Person auf den letzten verzweifelten Wurf gesetzt wird. Der Verlierende fügt sich freiwillig der Knechtschaft; er selbst vielleicht der Jüngere, Stärkere läßt sich geduldig binden und verkaufen. Das ist Charakterfestigkeit in verwerflicher Sache; sie selbst nennen es Ehre. Einen also gewonnenen Sklaven schafft übrigens sein Herr selbst auf dem Verkaufswege fort, um der Beschämung über seinen Sieg ledig zu werden.

Caput XXIV.

Genus spoctaculorum unum atque in omni coetu idem: nudi iuvenes, quibus id ludicrum est, inter gladios se atque infestas frameas saltu iaciunt, – exercitatio artem paravit, ars decorem – non in quaestum tamen aut mercedem, quamvis audacis lasciviae pretium est voluptas spectantium. Aleam, quod mirere, sobrii inter seria exercent, tanta lucrandi perdendive temeritate, ut, cum omnia defecerunt, extremo ac novissimo iactu de libertate ac de corpore contendant. Victus voluntariam servitutem adit; quamvis iuvenior, quamvis robustior, alligari se ac venire patitur; ea est in re prava pervicacia; ipsi fidem vocant. Servos condicionis huius per commercia tradunt, ut se quoque pudore victoriae exsolvant.

Sklaven und Freigelassene.

Im übrigen ist die Stellung der Sklaven eine andere als bei uns, wo die einzelnen Geschäfte unter das Gesinde förmlich vertheilt sind. Dort sitzt jeder auf seinem besonderen Heimwesen, am eigenen Herde. Der Herr legt ihm nur, wie in unserem Pachtverhältniß, eine bestimmte Leistung an Getreide, Vieh oder Gewand auf und daraus beschränkt sich die Pflicht des Hörigen. Die sonstigen Geschäfte des Herrenhauses besorgen Weib und Kinder. Daß der Sklave gepeitscht, in Fesseln gelegt, mit Zwangsarbeiten bestraft wird, ist ein seltener Fall; häufiger ist Tödtung durch den Herrn, nicht als Strafe oder Maßregel der Strenge, sondern als eine That der Leidenschaft und des Jähzorns; wie man etwa seinen Feind erschlägt, mit dem Unterschiede, daß auf ersterem keine Strafe steht.

Der Freigelassene steht nicht viel höher als der Sklave; selten übt er einigen Einfluß im Hause, niemals im öffentlichen Leben. Einzige Ausnahme bilden die monarchisch regierten Staaten, wo der Freigelassene über den Freigeborenen und sogar über den Adelichen sich erheben kann. Bei den anderen Stämmen gibt die untergeordnete Stellung des Freigelassenen Zeugniß von der freien Volksverfassung.

Caput XXV.

Ceteris servis non in nostrum morem descriptis per familiam ministeriis utuntur; suam quisque sedem, suos penates regit; frumenti modum dominus aut pecoris aut vestis ut colono iniungit. Et servus hactenus paret; cetera domus officia uxor ac liberi exsequuntur. Verberare servum ac vinculis et opere coercere rarum: occidere solent, non disciplina et severitate, sed impetu et ira, ut inimicum, nisi quod impune est. Liberti non multum supra servos sunt, raro aliquod momentum in domo, nunquam in civitate, exceptis duntaxat iis gentibus quae regnantur; ibi enim et super ingenuos et super nobiles ascendunt; apud ceteros impares libertini libertatis argumentum sunt.

Ackerbau.

Geldgeschäft und Wucherzins sind unbekannte Dinge, und darum gewissenhafter gemieden, als wenn sie gesetzlich verboten wären.

Die Feldmarkung, je nach der Anzahl der Bebauer größer oder kleiner, gehört der ganzen Gemeinde als Gesammtbesitz und diese vertheilt die Grundstücke unter ihre Mitglieder nach Maßgabe des Ranges. Die Möglichkeit dieses Verfahrens liegt in der großen Ausdehnung der Markungen. In der Bebauung wechselt man alljährlich das Geld, wobei immer noch ein Theil desselben frei bleibt. In den Wettkampf mit der Ertragfähigkeit und Ausdehnung des Bodens seine Arbeit einzusetzen, Obstpflanzungen anzulegen, Wiesland auszuscheiden, einen Garten zu bewässern, versteht der Germane nicht; nur seine Aussaat an Getreide soll ihm die Erde leisten. Daher theilt sich ihm auch das Jahr nicht in unsere vier Zeiten; von Winter, Frühling und Sommer hat er einen Begriff und hat die Worte dafür, vom Herbste kennt er einen Namen so wenig als seinen Segen.

Caput XXVI.

Fenus agitare et in usuras extendere ignotum, ideoque magis servatur, quam si vetitum esset. Agri pro numero cultorum ab universis vicis occupantur, quos mox inter se securidum dignationem partiuntur; facilitatem partiendi camporum spatia praestant. Arva per annos mutant. Et superest ager; nec enim cum ubertate et amplitudine soli labore contendunt, ut pomaria conserant et prata separent et hortos rigent; sola terrae seges imperatur. Unde annum quoque ipsum non in totidem digerunt species: hiems et ver et aestas intellectum ac vocabula habent; autumni perinde nomen ac bona ignorantur.

Begräbniß.

Von dem eitlen Prunk der Leichenbegängnisse weiß man nichts; nur bei hervorragenden Männern verlangt die Sitte bestimmte Holzarten für die Verbrennung der Leiche. Teppiche und Rauchwerk werden nicht an den Holzstoß verschwendet; nur die Waffenrüstung, zuweilen auch das Streitroß wird mit verbrannt. Ueber dem Grabe wölbt sich ein Rasenhügel; in dem kunst- und mühevollen Stolz der Monumente sieht der Germane nur eine Last für den Todten. Den Thränen und der Klage gönnt er kurze, dem Schmerz und der Wehmuth eine lange Frist. Dem Weibe geziemt die Trauer, dem Manne die Erinnerung.

Das ist es, was ich im allgemeinen über Ursprung und Zustände des germanischen Gesammtvolkes gefunden. Im nachfolgenden sollen Brauch und Sitte der einzelnen Stämme in ihren unterscheidenden Zügen, sowie die germanischen Einwanderungen nach Gallien dargestellt werden.

Caput XXVII.

Funerum nulla ambitio; id solum observatur, ut corpora clarorum virorum certis lignis crementur. Struem rogi nec vestibus nec odoribus cumulant; sua cuique arma, quorundam igni et equus adiicitur. Sepulcrum caespes erigit; monumentorum arduum et operosum honorem ut gravem defunctis aspernantur. Lamenta ac lacrimas cito, dolorem et tristitiam tarde ponunt; feminis lugere honestum est, viris meminisse.

Haec in commune de omnium Germanorum origine ac moribus accepimus; nunc singularum gentium institutarituque quatenus different, quae nationes e Germania in Gallias commigraverint, expediam.

II. Die einzelnen Völkerschaften Gemaniens.

Einwanderungen.

Daß *Gallien* vor Zeiten ein mächtigerer Staat gewesen, sagt uns der beste Gewährsmann, der erlauchte Julius, und darum ist es wohl glaublich, daß auch gallische Wanderungen nach Germanien stattgefunden haben. Denn welch schwache Schranke bot ein Strom, wenn der oder jener Stamm auf der Höhe seiner Machtentfaltung erobernd seine Heimat wechseln wollte, wo die Lande noch herrenlos und durch keine monarchischen Mächte geregelt lagen? Demgemäß haben sich denn wirklich zwischen dem hercynischen Walde, dem Rhein und dem Main *die Helvetier*, weiter ostwärts die *Bojer* niedergelassen, beides gallische Stämme. Noch heute lebt der Name Bohemum und redet von der einstigen Geschichte des Landes, obgleich dieses seine Bewohner gewechselt hat.

Ob aber die *Aravisker* von den *Osen* als einem germanischen Volk aus in Pannonien eingewandert, oder die Osen von den Araviskern aus in Germanien, beide Völker in Sprache, Brauch und Sitte noch heute gleich – dies bleibt darum unentschieden, weil beide dereinst auch an Armut und Freiheit gleich auf beiden Ufern der Donau dieselben Vorteile wie Nachteile finden mußten. Der *Treverer* und *Nervier* macht seinen Anspruch auf germanische Rasse sogar mit Eifersucht geltend, als sollte der Ruhm dieser Blutsverwandtschaft seine

Caput XXVIII.

Validiores olim Gallorum res fuisse summus auctorum divus Julius tradit; eoque credibile est etiam Gallos in Germaniam transgressos: quantulum enim amnis obstabat quo minus, ut quaeque gens evaluerat, occuparet permutaretque sedes promiscuas adhuc et nulla regnorum potentia divisas? Igitur inter Hercyniam silvam Rhenumque et Moenum amnes Helvetii, ulteriora Boii, Gallica utraque gens, tenuere. Manet adhuc Bohemi nomen, signatque loci veterem memoriam, quamvis mutatis cultoribus. Sed utrum Aravisci in Pannoniam ab Osis Germanorum natione, an Osi ab Araviscis in Germaniam commigraverint, cum eodem adhuc sermone, institutis, moribus utantur, incertum est, quia pari olim inopia ac libertate eadem utriusque ripae bona malaque erant. Treveri et Nervii circa affectationem Germanicae

Aehnlichkeit mit dem schlaffen Gallier aufheben.

Dem eigentlichen Rheinufer entlang wohnen zweifellos germanische Völker, die *Vangionen*, *Triboken* und *Nemeter*. Selbst die *Ubier*, obwohl sie zur römischen Colonie sich aufgeschwungen und sich lieber nach dem Namen ihrer Stifterin Agrippina nennen hören. schämen sich nicht ihres Ursprungs als germanischer Stamm, der schon vor Alters den Rhein überschritt und zum Lohn erprobter Treue unmittelbar am Strome sich ansiedeln durfte, als Grenzwächter, nicht als Bewachter.

originis ultro ambitiosi sunt, tanquam per hanc gloriam sanguinis a similitudine et inertia Gallorum separentur. Ipsam Rheni ripam haud dubie Germanorum populi colunt, Vangiones, Triboci, Nemetes. Ne Ubii quidem, quanquam Romana colonia esse meruerint ac libentius Agrippinenses conditoris sui nomine vocentur, origine erubescunt, transgressi olim et experimento fidei super ipsam Rheni ripam collocati, ut arcerent, non ut custodirentur.

Bataver. Mattiaken. Decumaten.

All diesen Stämmen an Tapferkeit voran bewohnen die *Bataver* vom Rheinufer nur einen kleinen Strich, wohl aber das ganze rheinische Inselland. Vordem ein Glied des Chattenvolkes sind sie in Folge innerer Zwistigkeiten in ihre jetzigen Wohnsitze eingewandert, um allda dem römischen Herrschaftsbanne zu verfallen. Eine geachtete Stellung und der Ehrenrang alter Bundesgenossen ist ihnen geblieben; nicht Zoll und Zins entwürdigt, kein Steuerpächter ruinirt sie; von Frohnen und Lasten frei, nur dem Dienste der Walstatt vorbehalten, stehn sie einem Arsenal von Wehr und Waffen gleich im Hintergrund.

Aehnlich ist das Abhängigkeitsverhältniß des *Mattiaken*stammes. Die Herrschergröße des römischen Volkes hat die Ehrfurcht vor unserem Weltreich bis über den Rheinstrom und über die alten Grenzen hinausgetragen; und so steht der Mattiake mit Heimat und Landmark auf seinem Ufer drüben, mit Gesinnung und Neigung bei uns, ganz wie der Bataver, nur daß jenem bis jetzt noch der Boden und der Himmel seiner ureigenen Heimat die Seele energischer spannt.

Nicht als germanische Völker, obgleich zwischen Rhein und Donau gelagert, kann ich die Insassen der dekumatischen Länder aufzählen. Abenteuerndes Volk aus Gallien, durch die Noth ermuthigt, hat dort einen Boden besetzt, der keinen festen

Caput XXIX.

Omnium harum gentium virtute praecipui Batavi non multum ex ripa, sed insulam Rheni amnis colunt, Chattorum quondam populus et seditione domestica in eas sedes transgressus, in quibus pars Romani imperii fierent. Manet honos et antiquae societatis insigne: nam nec publicanus atterit, nec tributis contemnuntur; exempti oneribus et collationibus et tantum in usum praeliorum sepositi velut tela atque arma bellis reservantur. Est in eodem obsequio et Mattiacorum gens; protulit enim magnitudo populi Romani ultra Rhenum ultraque veteres terminos imperii reverentiam; ita sede finibusque in sua ripa, mente animoque nobiscum agunt, cetera similes Bataviis, nisi quod ipso adhuc terrae suae solo et caelo acrius animantur. Non numeraverim inter Germaniae populos, quanquam trans Rhenum Danubiumque consederint, eos qui

Herren kannte. Später zog man den großen Wall und schob die Truppen vor, und so bildet das Land jetzt eine Ausbuchtung des Reichs und ein Glied der Provinz.

decumates agros exercent; levissimus quisque Gallorum et inopia audax dubiae possessionis solum occupavere; mox limite acto promotisque praesidiis sinus imperii et pars provinciae habentur.

Chatten.

Weiter nördlich wohnen die Chatten. Ihre Heimat zieht sich vom hercynischen Gebirg aus, nicht so flach und sumpfig wie andere Länder der germanischen Ebene; die Höhen verlieren sich nur allmählich und das hercynische Gebirge gibt seinen Chatten das Geleite bis in die Niederung herab.

Ein abgehärteter Menschenschlag, gedrungener Gliederbau, ein drohender Blick, energischer Muth und ein für germanisches Wesen nicht gewöhnlicher klug berechnender Sinn. Der Chatte weiß die rechten Männer als Führer zu wählen und diesen Führern zu gehorchen; er kennt Reihen und Glieder, versteht den Augenblick zu erspähen, mit einem Angriff zurückzuhalten, am Tage Disciplin zu beobachten, in der Nacht sich zu verschanzen; er kennt des Glückes Unbestand, den sichern Werth der Tapferkeit, und – das seltenste von allem, sonst nur als Vorrecht römischer Kriegsbildung anerkannt – der Heerführer gilt ihm mehr als das Heer. Die ganze Stärke liegt im Fußvolk und dieses trägt außer den Waffen auch Schanzzeug und Lebensmittel. Andere Stämme sieht man zur Schlacht ausziehen, die Chatten in den Krieg; bloßer Streifzug und planloses Gefecht ist seltene Ausnahme. Eine Reitermacht freilich hat den Vortheil entweder der raschen siegenden Entscheidung oder des ebenso raschen Rückzugs; Schnelligkeit ist die Schwester der Furcht,

Caput XXX.

Ultra hos Chatti initium sedis ab Hercynio saltu inchoant, non ita effusis ac palustribus locis, ut ceterae civitates in quas Germania patescit, durant; siquidem colles paulatim rarescunt, et Chattos suos saltus Hercynius prosequitur simul atque deponit. Duriora genti corpora, stricti artus, minax vultus et maior animi vigor, multum ut inter Germanos rationis ac solertiae: praeponere electos, audire praepositos, nosse ordines, intellegere occasiones, differre impetus, disponere diem, vallare noctem, fortunam inter dubia, virtutem inter certa numerare, quodque rarissimum nec nisi Romanae disciplinae concessum, plus reponere in duce quam in exercitu. Omne robur in pedite, quem super arma ferramentis quoque et copiis onerant; alios ad praelium ire videas, Chattos ad bellum. Rari excursus et fortuita pugna; equestrium sane virium id pro-

langsames Handeln hängt zusammen mit ernster Besonnenheit.

prium, cito parare victoriam, cito cedere; velocitas iuxta formidinem, cunctatio propior constantiae est.

Ein Brauch, welcher bei andern Völkern Germaniens nur als vereinzelter Ausdruck persönlichen Thatendrangs sich zeigt, ist bei den Chatten zur förmlichen Volkssitte geworden. Mit dem Eintritt in die Mannbarkeit läßt der Chatte Haupt- und Barthaar wachsen und erst die Erlegung eines Feindes befreit sein Antlitz von diesem dem Dienste des Heldenthums geweihten Symbole. Ueber Feindesblut und erbeuteten Waffen enthüllt er die Stirn und jetzt erst glaubt er die Schuld des Daseins bezahlt und sich selbst des Vaterlandes und der Eltern würdig. Dem Thatlosen, dem Unkriegerischen bleibt sein struppiges Haar.

Auch einen eisernen Ring, sonst ein entehrendes Tragen, legt der chattische Kriegsheld an, gleichsam eine Fessel, aus welcher er sich durch Erlegung eines Feindes lösen muß. Gar mancher gefällt sich in solchem Aufzug und ist grau darin geworden, ein gefeierter Held auf welchen der Feind und der Landsmann mit Fingern weist. Diese Männer sind es, welche jede Schlacht eröffnen, stets in dem ersten Gliede stehen, ein wundersames Schauspiel; denn auch der Friede sänftigt diese Gestalten nicht zu milderer Erscheinung. Keiner hat Haus und Hof noch sonstigen Beruf; wo er eintritt, da wird er bewirthet; ein Vergeuder von fremdem, ein Verächter von eigenem Gut, bis die Schwäche des Alters solch ehernes Heldenthum zur Entsagung

Caput XXXI.

Et aliis Germanorum populis usurpatum, raro et privata cuiusque audentia, apud Chattos in consensum vertit: ut primum adoleverint, crinem barbamque submittere, nec nisi hoste caeso exuere votivum obligatumque virtuti oris habitum. Super sanguinem et spolia revelant frontem, seque tum demum pretia nascendi retulisse dignosque patria ac parentibus ferunt; ignavis et imbellibus manet squalor. Fortissimus quisque ferreum insuper annulum – ignominiosum id genti – velut vinculum gestat, donec se caede hostis absolvat. Plurimis Chattorum hic placet habitus iamque canent, insignes et hostibus simul suisque monstrati; omnium penes hos initia pugnarum; haec prima semper acies, visu nova. Nam ne in pace quidem cultu mitiore mansuescunt; nam nulli domus aut ager aut aliqua cura; prout ad quemque venere, aluntur, prodigi alieni,

zwingt.

contemptores sui, donec exsanguis senectus tam durae virtuti impares faciat.

Usipier. Tenkterer.

Den Chatten zunächst wohnen die *Usipier* und *Tenkterer* am Rheinstrom, welcher dort schon in festbestimmtem Bette fließend eine genügende natürliche Grenze bietet. Bei dem Tenkterer tritt zu der gewöhnlichen Kriegstüchtigkeit des Germanen eine hervorragende Reiterkunst und der Ruhm des Chattischen Fußvolkes steht nicht über dem der Tenkterischen Reiterei. So war es Brauch der Väter und die Enkel bleiben ihm treu; die Reitkunst ist das Spiel der Kinder, der Ehrgeiz der Jünglinge, und noch die Greise sitzen im Sattel. Neben Gesinde, Haus und Hof und was sonst dem Erbrecht verfällt, gehen die Rosse ihren besonderen Erbgang; denn sie erhält nicht wie das übrige Gut der älteste, sondern der kriegsmuthigste und tüchtigste Sohn.

Caput XXXII.

Proximi Chattis certum iam alveo Rhenum, quique terminus esse sufficiat, Usipii et Tencteri colunt. Tencteri super solitum bellorum decus equestris disciplinae arte praecellunt; nec maior apud Chattos peditum laus quam Tencteris equitum. Sic instituere maiores, posteri imitantur; hi lusus infantium, haec iuvenum aemulatio, perseverant senes. Inter familiam et penates et iura successionum equi traduntur; excipit filius non ut cetera maximus natu, sed prout ferox bello et melior.

Brukterer. Chamaver. Angrivarier.

Zur Seite der Tenkterer hatten in früherer Zeit die *Brukterer* ihre Stelle; jetzt haben sich, wie berichtet wird, die *Chamaver* und *Angrivarier* dort niedergelassen. Die Brukterer wurden verdrängt und vollständig aufgerieben in Folge einer Verbindung der Nachbarstämme, sei es daß die Erbitterung über brukterschen Uebermuth oder der Reiz der Beute diese zusammengeführt, oder vielleicht auch ein uns freundlicher Wille der Götter; haben diese ja sogar das Schauspiel der Vernichtungsschlacht uns nicht mißgönnt. Ueber 60,000 sind gefallen, nicht durch des Römers Schwert und Speer, sondern, was herrlicher klingt, ihm zur Wonne und zur Augenweide. O möge doch diesen Völkern bleiben, möge dauernd ihnen bleiben, wenn nicht die Freundschaft für uns, so doch der Haß unter sich, weil ja doch einmal jetzt, wo des Reiches Verhängniß hereindrängt, das Schicksal uns nichts höheres mehr zu geben vermag als die Zwietracht unserer Feinde!

Caput XXXIII.

Iuxta Tencteros Bructeri olim occurrebant; nunc Chamavos et Angrivarios immigrasse narratur, pulsis Bructeris ac penitus excisis vicinarum consensu nationum, seu superbiae odio seu praedae dulcedine seu favore quodam erga nos deorum; nam ne spectaculo quidem praelii invidere. Super sexaginta milia non armis telisque Romanis, sed, quod magnificentius est, oblectationi oculisque ceciderunt. Maneat, quaeso, duretque gentibus, si non amor nostri, at certe odium sui, quando inurgentibus imperii fatis nihil iam praestare fortuna maius potest quam hostium discordiam.

Friesen u. a.

Im Rücken der Angrivarier und Chamaver schließen sich die *Dulgibiner* und *Chasuaren* an, sowie andere minder häufig genannte Völker. Vorn setzen die *Friesen* die Reihe fort, nach Maßgabe ihrer Macht als Groß- und Kleinfriesen unterschieden. Für beide Stämme bildet der Rheinlauf die Grenze bis zum Ozean; überdies umfaßt ihr Gebiet gewaltige Seen, die auch von römischen Flotten schon befahren worden sind. Haben wir uns dort ja mit dem Ozean selbst versucht. Auch geht eine Sage, daß in jener Gegend noch Herkulessäulen stehen; sei es daß Herkules wirklich dorthin gekommen, oder daß ein gemeinsames Gefühl uns alles, was irgendwo großes erscheint, auf jenen Heldennamen zurückführen läßt. An unternehmendem Muthe hat es dem Drusus Germaniens nicht gefehlt; der Ozean selbst hat auf die vereinten Fragen nach seinen und nach des Herkules Räthseln die Antwort geweigert. Später hat niemand mehr einen Versuch gemacht; in göttlichen Dingen schien der Glaube frommer und ehrfurchtsvoller als das Wissen.

Caput XXXIV.

Angrivarios et Chamavos a tergo Dulgibini et Chasuarii cludunt aliaeque gentes haud perinde memoratae; a fronte Frisii excipiunt. Maioribus minoribusque Frisiis vocabulum est ex modo virium. Utraeque nationes usque ad Oceanum Rheno praetexuntur, ambiuntque immensos insuper lacus et Romanis classibus navigatos; ipsum quin etiam Oceanum illa tentavimus; et superesse adhuc Herculis columnas fama volgavit, sive adiit Hercules, seu quicquid ubique magnificum est in claritatem eius referre consensimus. Nec defuit audentia Druso Germanico, sed obstitit Oceanus in se simul atque in Herculem inquiri; mox nemo tentavit, sanctiusque ac reverentius visum de actis deorum credere quam scire.

Chauken.

Bis hierher kennen wir Germanien in westlicher Ausdehnung. Im gewaltigem Bogen wölbt es sich nun nach Norden hinauf. Gleich im Anfang erscheint hier das Volk der *Chauken*. Obgleich es an die Friesen sich anschließt und noch einen Theil der Meeresküste innehat, so zieht es doch den Grenzen aller bisher genannten Stämme sich entlang, um endlich sogar in das Gebiet der Chatten sich einzubuchten. Und diese ganze gewaltige Ländermasse nennt der Chauke nicht nur sein, sondern er füllt sie auch aus; ein Volk, das in hohem Ansehen unter den Germanen steht und es vorzieht, seine Macht auf Gerechtigkeit zu stützen. Frei von begehrlicher Leidenschaft, von vermessener Herrschgier lebt es in stiller Abgeschlossenheit dahin, kein fremdes Volk zum Kriege reizend, keines mit Raub und Plünderung bedrängend. Und das eben ist das höchste Zeugniß für des Volkes Tüchtigkeit und Kraft, daß es seine überlegene Stellung nicht der Gewaltthat verdankt. Aber rasch ist jedem die Waffe zur Hand, und wenn die Stunde ruft, so steht das Heer bereit, Roß und Mann in gewaltiger Zahl; und auch im Frieden lebt ihr großer Name fort.

Caput XXXV.

Hactenus in occidentem Germaniam novimus. In septentrionem ingenti flexu redit; ac primo statim Chaucorum gens, quanquam incipiat a Frisiis ac partem litoris occupet, omnium quas exposui gentium lateribus obtenditur, donec in Chattos usque sinuetur. Tam immensum terrarum spatium non tenent tantum Chauci sed et implent, populus inter Germanos nobilissimus, quique magnitudinem suam malit iustitia tueri. Sine cupiditate, sine impotentia, quieti secretique nulla provocant bella, nullis raptibus aut latrociniis populantur. Id praecipuum virtutis ac virium argumentum est, quod ut superiores agant non per iniurias assequuntur. Prompta tamen omnibus arma, plurimum virorum equorumque ac, si res poscat, exercitus; et quiescentibus eadem fama.

Cherusker.

An Chauken und Chatten anstoßend haben die *Cherusker* einen allzutiefen langen Friedensschlaf unangefochten hingeträumt, ein Verhalten, das mehr Bequemlichkeit als Sicherheit schafft; denn der Schlaf zwischen Uebermuth und Gewaltthat ist ein böses Ding; wo das Faustrecht gilt, da sind Uneigennützigkeit und Biedersinn die Titel des Stärkeren. So heißen die Cherusker, dereinst die braven und gerechten genannt, heutzutage Thoren und Weichlinge; dem Chatten, ihrem Ueberwinder, wird sein gutes Glück als Weisheit angerechnet. Auch das Nachbarvolk der *Fosen* haben die Cherusker in ihrem Sturze nachgerissen; im Glücke hatten jene das kleinere Loos gezogen, das Unglück theilen beide zu gleichen Hälften.

Caput XXXVI.

In latere Chaucorum Chattorumque Cherusci nimiam ac marcentem diu pacem illacessiti nutrierunt, idque iucundius quam tutius fuit, quia inter impotentes et validos falso quiescas; ubi manu agitur, modestia ac probitas nomina superioris sunt. Ita qui olim boni aequique Cherusci, nunc inertes ac stulti vocantur; Chattis victoribus fortuna in sapientiam cessit. Tracti ruina Cheruscorum et Fosi, contermina gens; adversarum rerum ex aequo socii sunt, cum in secundis minores fuissent.

Cimbern.

In der obengenannten Ausbuchtung Germaniens wohnen noch, unmittelbar am Ozean, die *Cimbern*, heutzutag ein unbedeutender Staat, aber reich an großen Erinnerungen. Noch reichen weithin auf beiden Rheinufern die Spuren einer ruhmvollen Vorzeit, jene riesigen Lagerplätze, deren Umfang noch heute den Maßstab gibt für jene Volksmassen und Kriegshorden, und ein Zeugniß für ihren gewaltigen Auszug.

Das Jahr 640 der Stadt Rom schrieb man, als unter den Consuln Cäcilius Metellus und Papirius Carbo zum erstenmale die cimbrischen Waffen erklangen. Rechnen wir von da bis zum zweiten Consulat des Kaisers Tiberius, so ergeben sich etwa 210 Jahre. So lange siegen wir an Germanien; in so langem Zeitraum so mancher Schlag und Widerschlag. Nicht der Samnite, nicht der Pöner, nicht Hispanien noch Gallien, selbst der Parther nicht, hat uns so oft gemahnt. Denn schneidiger als eines Arsaces Monarchenthum ist germanische Freiheit. Oder was anderes als die Leiche des Crassus, und selbst diese mit des Pacorus Blut bezahlt, hat der Orient uns aufzuweisen wie er zu den Füßen eines Ventidius liegt! Die Germanen aber haben den Carbo und Cassius, den Scaurus Aurelius und den Servilius Cäpio, sie haben den Cn. Manlius geschlagen oder gefangen, haben fünf consularische Heere dem

Caput XXXVII.

Eundem Germaniae sinum proximi Oceano Cimbri tenent, parva nunc civitas, sed gloria ingens. Veterisque famae lata vestigia manent, utraque ripa castra ac spatia, quorum ambitu nunc quoque metiaris molem manusque gentis et tam magni exitus fidem. Sexcentesimum et quadragesimum annum urbs nostra agebat, cum primum Cimbrorum audita sunt arma Caecilio Metello ac Papirio Carbone consulibus; ex quo si ad alterum imperatoris Traiani consulatum computemus, ducenti ferme et decem anni colliguntur; tam diu Germania vincitur. Medio tam longi aevi spatio multa in vicem damna; non Samnis, non Poeni, non Hispaniae Galliaeve, ne Parthi quidem saepius admonuere; quippe regno Arsacis acrior est Germanorum libertas. Quid enim aliud nobis quam caedem Crassi, amisso et ipse Pacoro infra Ventidium deiectus Oriens obiecerit? At

römischen Volke, haben den Varus und mit ihm drei Legionen selbst unserem Cäsar geraubt; und nicht ungestraft hat C. Marius in Italien, hat der göttliche Julius in Gallien, hat Drusus und Nero und Germanicus auf seinem eigenen Boden den Germanen getroffen. Zuletzt noch des Cäsars Caligula gewaltiges Pochen in Hohngelächter geendet! Von dort an ward Ruhe, bis sie unsre eignen Händel und inneren Kriege benützend die Winterlager der Legionen erstürmten und selbst nach Gallien sich gelüsten ließen; sie wurden zurückgeschlagen, aber die neueste Zeit hat mehr Triumphe als Siege über sie gefeiert.

Germani Carbone et Cassio et Scauro Aurelio et Servilio Caepione, Gnaeo quoque Manlio fusis vel captis, quinque simul consularis exercitus populo Romano, Varum tresque cum eo legiones etiam Caesari abstulerunt. Nec impune Gaius Marius in Italia, divus Julius in Gallia, Drusus ac Nero et Germanicus in suis eos sedibus perculerunt. Mox ingentes Gai Caesaris minae in ludibrium versae. Inde otium, donec occasione discordiae nostrae et civilium armorum expugnatis legionum hibernis etiam Gallias affectavere; ac rursus pulsi inde proximis temporibus triumphati magis quam victi sunt.

Die Sueven.

Nun zu den *Sueven*; ein Name welcher nicht wie der der Chatten oder Tenkterer ein einheitliches Volk bezeichnet. Sie haben die größere Hälfte Germaniens inne und sondern sich in verschiedene selbständige und eigens benannte Stämme, obwohl der Gesammtname Sueven ist.

Eine Eigenthümlichkeit dieser Völkergruppe ist das zurückgekämmte und in einen Knoten geschlungene Haar. Dies unterscheidet den Sueven von den andern Germanen, den suevischen Freien vom suevischen Knecht. Auch bei andern Völkerschaften, vielleicht auf Grund einer Stammesverwandtschaft, vielleicht, wie so oft, nur die nachahmende Mode, erscheint jener Brauch, jedoch nur selten und auf die Jugend beschränkt. Der Sueve aber zwängt noch als Graukopf das widerspenstige Haar zurück und selbst auf kahlem Scheitel wird oft noch dieser Schopf gebunden. Noch sorgfältiger erscheint dieser Kopfputz bei fürstlichen Personen. Es ist Eitelkeit, aber eine unschuldige; denn nicht um Minnedienst und Minnesold handelt es sich, sondern riesengroß und furchtbar in die Schlacht zu schreiten; ein Modeschmuck ist es für das Auge des Todfeinds.

Caput XXXVIII.

Nunc de Suevis dicendum est, quorum non una ut Chattorum Teneterorumve gens; maiorem enim Germaniae partem obtinent, propriis adhuc nationibus nominibusque discreti, quanquam in commune Suevi vocentur. Insigne gentis obliquare crinem nodoque substringere; sic Suevi a ceteris Grermanis, sic Suevorum ingenui a servis separantur. In aliis gentibus, seu cognatione aliqua Suevorum seu, quod saepe accidit, imitatione, rarum et intra iuventae spatium, apud Suevos usque ad canitiem horrentem capillum retro sequuntur, ac saepe in ipso solo vertice religant; principes et ornatiorem habent. Ea cura formae, sed innoxia; neque enim compti ut ament amenturve, in altitudinem quandam et terrorem adituri bella ut hostium oculis ornantur.

Semnonen.

Als ältesten und vornehmsten Stamm der Sueven rühmen sich die *Semnonen*. Der Anspruch auf hohes Alter findet seine Stütze in einem religiösen Gebrauch. Zu bestimmter Zeit vereinigen sich sämmtliche stammverwandte Völker in der Person von Abgeordneten in einem durch der Ahnen Weihe und die Schauer der Vorzeit geheiligten Wald und feiern da mit der öffentlichen Opferung eines Menschen das grauenhafte Vorspiel eines barbarischen Festes.

Noch ein andres Zeichen der Ehrfurcht gilt jenem Haine: niemand betritt ihn anders als gefesselt; eine Huldigung, welche ein untergeordnetes Wesen der Macht der Gottheit bringt. Fällt einer zu Boden, so darf er nicht aufstehen oder sich aufheben lassen, auf der Erde muß er sich hinauswälzen. Durch dieses ganze Treiben geht die Anschauung, daß hier die Wiege des Volkes, hier der allbeherrschende Gott, alles andere untergeordnet und abhängig sei. Bestärkt wird diese Vorstellung durch die äußeren Verhältnisse der Semnonen; in hundert Gaue theilt sich ihr Gebiet und im Bewußtsein dieses gewaltigen Ganzen betrachten sie sich als Haupt des Suevischen Stammes.

Caput XXXIX.

Vetustissimos se nobilissimosque Suevorum Semnones memorant. Fides antiquitatis religione firmatur; stato tempore in silvam auguriis patrum et prisca formidine sacram omnes eiusdem sanguinis populi legationibus coeunt, caesoque publice homine celebrant barbari ritus horrenda primordia. Est et alia luco reverentia: nemo nisi vinculo ligatus ingreditur, ut minor et potestatem numinis prae se ferens; si forte prolapsus est, attolli et insurgere haud licitum; per humum evolvuntur. Eoque omnis superstitio respicit, tanquam inde initia gentis, ibi regnator omnium deus, cetera subiecta atque parentia. Adiicit auctoritatem fortuna Semnonum: centum pagis habitantur, magnoque corpore efficitur, ut se Suevorum caput credant.

Longobarden u. a.

Umgekehrt ist der Ruhm der *Longobarden* ihre geringe Volkszahl. Von vielen und mächtigen Stämmen umgürtet finden sie nicht in Unterthänigkeit, sondern in Kampf und Wagniß ihre Sicherheit.

Es folgen die *Reudigner, Avionen, Angeln, Variner, Eudosen, Suardonen* und *Nuithonen*, sie alle durch Wälder oder Flüsse geschützt. Sonst bemerkenswerthes findet sich bei diesen Stämmen nichts als ihre gemeinschaftliche Verehrung der Göttin Nerthus, d. h. der Mutter Erde, welche persönlich hier unten erscheinen und von Volk zu Volke fahren soll. Auf einem Eiland des Ozeans ist ein heiliger Hain und in ihm steht mit einem Tuche bedeckt ein geweihter Wagen. Nur der Priester darf ihn berühren; er auch erkennt, wenn die Göttin in ihrem Heiligthume weilt und geleitet andachtsvoll ihren von weiblichen Rindern gezogenen Wagen. Da ist dann fröhliche Zeit und Festlichkeit allerwärts wo die Göttin einzuziehen und zu verweilen geruht. Niemand zieht in den Krieg, niemand greift zum Schwert, alle Waffen sind geborgen; die einzige Zeit wo man Frieden und Ruhe kennt, die einzige wo man sie lieben lernt, bis die Göttin, des Verkehrs unter Sterblichen satt, von demselben Priester in ihr Heiligthum zurückgebracht wird. Dort werden Wagen und Gewand und – wer es glauben mag – die Göttin selbst in einem

Caput XL.

Contra Longobardos paucitas nobilitat; plurimis ac valentissimis nationibus cincti non per obsequium, sed praeliis et periclitando tuti sunt. Reudigni deinde et Aviones et Angli et Varini et Eudoses et Suardones et Nuithones fluminibus aut silvis muniuntur; nec quicquam notabile in singulis, nisi quod in commune Nerthum, id est terram matrem colunt, eamque intervenire rebus hominum, invehi populis arbitrantur. Est in insula Oceani castum nemus, dicatumque in eo vehiculum veste contectum; attingere uni sacerdoti concessum; is adesse penetrali deam intellegit, vectamque bubus feminis multa veneratione prosequitur. Laeti tunc dies, festa loca, quaecunque adventu hospitioque dignatur; non bella ineunt, non arma sumunt, clausum omne ferrum, pax et quies tunc tantum nota, tunc tantum amata, donec idem sacerdos

geheimen See gebadet. Die Gehülfen dabei sind Sklaven, welche alsbald jener See verschlingt. Darum schwebt geheimes Grauen und heiliges Dunkel um ein Wesen das der Mensch nur schauen darf um zu sterben.

satiatam conversatione mortalium deam templo reddat. Mox vehiculum et vestes et, si credere velis, numen ipsum secreto lacu abluitur; servi ministrant, quos statim idem lacus haurit. Arcanus hinc terror sanctaque ignorantia, quid sit illud quod tantum perituri vident.

Hermunduren.

Die genannten Stämme des Suevenlandes verlieren sich freilich in die
unbekannteren Gegenden Germaniens. Uns näher liegt – um, wie früher
dem Rhein, so jetzt der Donau zu folgen – der Staat der *Hermunduren*, den
Römern ergeben und darum das einzige germanische Volk, mit dem wir
nicht bloß von Ufer zu Ufer, sondern
mitten auf unsrem Boden und in der
glänzendsten Colonie der rätischen
Provinz Verkehr pflegen. Ueberall und
unbeaufsichtigt kommen sie herüber
und während wir andern Völkern nur
unsre Waffen und Lager weisen, haben wir den Hermunduren ohne ihr
Begehren unsre Häuser und Villen
geöffnet. Auf ihrem Gebiet entspringt
die Elbe, vorzeiten ein berühmter und
wohlbekannter Strom, jetzt hört man
nur noch den Namen.

Caput XLI.

Et haec quidem pars
Suevorum in secretiora
Germaniae porrigitur.
Propior – ut, quomodo
paulo ante Rhenum, sic
nunc Danubium sequar –
Hermundurorum civitas,
fida Romanis; eoque solis
Germanorum non in ripa
commercium, sed peni-
tus atque in splendidis-
sima Raetiae provinciae
colonia. Passim et sine
custode transeunt, et
cum ceteris gentibus
arma modo castraque
nostra ostendamus, his
domos villasque pate-
fecimus non concupis-
centibus. In Her-
munduris Albis oritur,
flumen inclitum et not-
um olim; nunc tantum
auditur.

Narister. Markomanen. Quaden.

An die Hermunduren schließen sich die *Narister* und weiterhin die *Markomanen* und *Quaden*, unter diesen allen die Markomanen hervorragend an Ruhm und Macht. Auch ihre jetzige Heimat selbst verdanken sie ihrer Tapferkeit, welche die Bojer, die ursprünglichen Einwohner, hinausgedrängt hat. Auch Narister und Quaden sind nicht aus der Art geschlagen und so bilden diese Stämme, soweit sie an der Donau sich hinziehen, eine Art Vorhut Germaniens. Den Markomanen und Quaden sind bis auf unsere Zeit herab Könige aus ihrem eigenen Stamm geblieben, das erlauchte Geschlecht des Marbod und Tudrus. Neuerdings fügen sie sich auch ausländischen Herrschern, aber Einfluß und Machtvollkommenheit dieser Könige hängt von römischer Oberhoheit ab. Selten ist es unser Schwert, öfters unser Geld auf das sie sich stützen, und das thut ihrer Macht keinen Eintrag.

Caput XLII.

Iuxta Hermunduros Naristi ac deinde Marcomani et Quadi agunt. Praecipua Marcomanorum gloria viresque, atque ipsa etiam sedes pulsis olim Boiis virtute parta. Nec Naristi Quadive degenerant. Eaque Germaniae velut frons est, quatenus Danubio peragitur. Marcomanis Quadisque usque ad nostram memoriam reges manserunt ex gente ipsorum, nobile Marobodui et Tudri genus; iam et externos patiuntur. Sed vis et potentia regibus ex auctoritate Romana; raro armis nostris, saepius pecunia iuvantur; nec minus valent.

Der Nordosten.

Auf der Rückseite schließen sich die *Marsigner, Gotinen, Osen* und *Buren* an die Markomanen und Quaden. Unter ihnen kennzeichnet Sprache und Sitte die Marsigner und Buren als Sueven; die Gotinen verräth ihre gallische, die Osen ihre pannonische Mundart als ungermanisch; nicht minder die Tribute welche sie sich gefallen lassen. Solche haben sie, als fremde Stämme, theils den Sarmaten, theils den Quaden zu entrichten. Um die Schmach voll zu machen, betreiben die Gotinen Bergbau auf Eisen. All diese Stämme bewohnen ein Gebiet, das nur wenige Ebenen, sonst lauter Hochwald, Berggipfel und Höhenzüge bietet. Mitten durch das Suevenland nemlich zieht als ununterbrochene Scheidemauer ein Gebirgskamm, und in dessen Norden haust noch eine ganze Reihe von Völkern. Am weitesten unter diesen erstreckt sich das Volk der *Lygier*, ein Name der wieder mehrere Stämme umfaßt. Von letzteren mögen nur die bedeutendsten genannt sein, die *Harier, Helvekonen, Manimer, Elisier* und *Nahanarvaler.* Im Lande der Nahanarvaler wird ein altverehrter heiliger Hain gezeigt. Oberhaupt ist ein Priester in weiblicher Tracht, die Götter aber welche man nennt entsprechen den römischen Castor und Pollux. Damit ist das Wesen dieser Gottheit bezeichnet; ihr einheimischer Name ist Alci. Keine bildliche Darstellung, keine Spur von ausländischem Cultus,

Caput XLIII.

Retro Marsigni, Gotini, Osi, Buri terga Marcomanorum Quadorumque claudunt; e quibus Marsigni et Buri sermone cultuque Suevos referunt; Gotinos Gallica, Osos Pannonica lingua coarguit non esse Germanos, et quod tributa patiuntur; partem tributorum Sarmatae, partem Quadi ut alienigenis imponunt. Gotini, quo magis pudeat, et ferrum effodiunt. Omnesque hi populi pauca campestrium, ceterum saltus et vertices montium iugumque insederunt; dirimit enim sciditque Sueviam continuum montium iugum. Ultra quod plurimae gentes agunt; ex quibus latissime patet Lygiorum nomen, in plures civitates diffusum. Valentissimas nominasse sufficiet, Harios, Helveconas, Manimos, Elisios, Nahanarvalos. Apud Nahanarvalos antiquae religionis lucus ostenditur; praesidet sacerdos muliebri ornatu; sed deos interpretatione

aber als Brüder, als Jünglinge werden sie verehrt.

Die *Harier*, den eben aufgezählten Stämmen ohnehin überlegen, sind doppelt furchtbar, weil zur natürlichen Wildheit noch raffinirte Kunst und Berechnung tritt. Die Schilde schwarz, die Körper bemalt ersehen sie sich die dunkle Nacht zum Kampfe. Schon das Gespenstige und Schattenhafte dieser höllischen Heerschar wirft Entsetzen in den Feind und keiner vermag der überraschenden, wie aus der Unterwelt gestiegenen Erscheinung zu stehen; denn in der Schlacht ist es immer das Auge das zuerst sich überwältigen läßt.

Ueber die Lygier hinaus wohnt das Volk der *Gothonen*, von Königen und zwar schon etwas straffer beherrscht als die andern germanischen Stämme, doch aber noch nicht außerhalb der Linie freier Verfassung.

Weiterhin sodann, dem Ocean zu, die *Rugier* und *Lemovier*. Gemeinschaftliche Eigenthümlichkeit dieser Stämme ist der runde Schild, das kurze Schwert und – Gehorsam dem König.

Romana Castorem Pollucemque memorant; ea vis numini, nomen Alcis. Nulla simulacra, nullum peregrinae superstitionis vestigium; ut fratres tamen, ut iuvenes venerantur. Ceterum Harii super vires, quibus enumeratos paulo ante populos antecedunt, truces insitae feritati arte ac tempore lenocinantur: nigra scuta, tincta corpora, atras ad praelia noctes legunt, ipsaque formidine atque umbra feralis exercitus terrorem inferunt, nullo hostium sustinente novum ac velut infernum aspectum; nam primi in omnibus praeliis oculi vincuntur. Trans Lygios Gothones regnantur, paulo iam adductius quam ceterae Germanorum gentes; nondum tamen supra libertatem. Protinus deinde ab Oceano Rugii et Lemovii. Omniumque harum gentium insigne rotunda scuta, breves gladii, et erga reges obsequium.

Suionen.

Sodann die Stämme der *Suionen*, mitten im Ozean. Zur Macht an Mann und Waffe tritt bei ihnen die Flotte. Die Bauart der Schiffe ist nicht die unsere. Stern und Schnabel sind gleich und so bietet das landende Schiff immer die Vorderseite. Eine Leitung durch Segel gibt es nicht, auch nicht die geordneten Ruderreihen auf beiden Seiten; die Ruder sind, wie bei manchen Flußschiffen, frei und werden je nach Bedürfniß bald rechts, bald links eingesetzt.

Bei diesem Volke steht auch der äußere Besitz in Ehren, und damit die monarchische Gewalt, vor welcher keine Ausnahme mehr, kein Anspruch auf bedingten Gehorsam gilt. Auch die Waffen sind nicht, wie bei den andern Germanen, in die Hand eines jeden gegeben, sondern liegen verschlossen, und zwar unter Obhut eines Sklaven. Denn gegen die Ueberraschung feindlicher Einfälle sichert der Ozean, und eine Waffe in müßiger Hand ist leicht dem Mißbrauch ausgesetzt. Keinen Adelichen oder Freien, ja selbst keinen Freigelassenen als Waffenmeister zu bestellen, ist dann freilich monarchisches Interesse.

Caput XLIV.

Suionum hinc civitates, ipso in Oceano, praeter viros armaque classibus valent. Forma navium eo differt quod utrimque prora paratam semper appulsui frontem agit. Nec velis ministratur, nec remos in ordinem lateribus adiungunt; solutum ut in quibusdam fluminum et mutabile, ut res poscit, hinc vel illinc remigium. Est apud illos et opibus honos, eoque unus imperitat, non precario iure, nullis iam exceptionibus parendi. Nec arma ut apud ceteros Germanos in promiscuo, sed clausa sub custode, et quidem servo, quia subitos hostium incursus prohibet Oceanus, otiosae porro armatorum manus facile lasciviunt. Enimvero neque nobilem neque ingenuum, ne libertinum quidem armis praeponere regia utilitas est.

Aestier. Sitonen.

Jenseits des Suionenlandes liegt starr und fast bewegungslos noch ein anderes Meer als Saum und äußerste Zone des Erdkreises, was man darum glauben darf, weil der letzte Glanz der sinkenden Sonne sich bis zu ihrem Wiederaufgang erhält, so hell, daß er die Sterne verdunkelt. Der Volksglaube will ferner beim Auftauchen der Sonne einen Klang vernehmen, Göttergestalten und ein strahlenumgebenes Haupt erblicken. Dort steht, und die Sage hat Recht, der Grenzstein der Schöpfung.

Nun also an der Ostküste des suevischen Meeres hin, so schlägt es dort an die Gestade der *Aestischen* Stämme. Ihre Sitte und äußere Erscheinung ist suevisch, die Sprache steht der britannischen näher. Sie verehren eine Göttermutter; ein äußeres religiöses Zeichen sind die Figuren von Ebern, welche sie tragen. Ein solches Bild ist Schutz und Waffe gegen alles und schirmt den Diener der Göttin mitten im Feindesheer. Eiserne Waffen sind selten, das gewöhnliche ist eine Keule. Im Anbau von Korn und anderen Früchten zeigt der Aestier mehr ausdauernden Fleiß als es der bequeme Germane sonst zu thun pflegt.

Aber auch das Meer durchwühlen sie, von allen die einzigen, welche den Bernstein, in der Landessprache Glesum, in den Untiefen des Strandes und auf diesem selbst sammeln. Das eigentliche Wesen oder die Entste-

Caput XLV.

Trans Suionas aliud mare, pigrum ac prope immotum, quo cingi cludique terrarum orbem hinc fides, quod extremus cadentis iam solis fulgor in ortus edurat, adeo clarus ut sidera hebetet; et sonum insuper emergentis audiri formasque deorum et radios capitis aspici persuasio adiicit. Illuc usque, et fama vera, tantum natura. Ergo iam dextro Suevici maris litore Aestiorum gentes adluuntur, quibus ritus habitusque Suevorum, lingua Britannicae propior. Matrem deum venerantur; insigne superstitionis formas aprorum gestant; id pro armis omniumque tutela securum deae cultorem etiam inter hostes praestat. Rarus ferri, frequens fustium usus. Frumenta ceterosque fructus patientius quam pro solita Germanorum inertia laborant. Sed et mare scrutantur, ac soli omnium succinum, quod ipsi glesum vocant, inter vada atque in ipso litore

hungsgesetze des Bernsteins haben diese Barbaren nie untersucht oder ergründet. Lange Zeit sogar blieb er mit andern Auswürfen der See liegen, bis römischer Luxus das Wort für die Sache fand. Die Eingeborenen wissen nichts damit anzufangen; im rohen Zustande sammeln sie ihn, unbearbeitet bringen sie ihn zu uns und staunend nehmen sie die Bezahlung an. Man erkennt indessen den Stoff doch als ein Baumharz, denn man sieht gewisse Arten von Landthierchen und sogar geflügelte Insekten durchschimmern, welche in der flüssigen Masse hängen und beim allmählichen Verhärten von ihr umschlossen bleiben. Wie in den fernen Gegenden des Morgenlandes wo Weihrauch und Balsam ausschwitzt, so gibt es also wohl auch auf den Inseln und in den Landschaften des Abendlands gesegnetere Wälder und Haine; von den Strahlen der nahen Sonne ausgepreßt und in Fluß gesetzt rinnt der Stoff in das nächste Meer und wird durch die Gewalt der Stürme an die gegenüberliegenden Gestade geschwemmt. Eine Untersuchung des Stoffes, welche den Bernstein dem Feuer aussetzt, ergibt, daß er entzündlich ist wie Kienholz und eine fettige, geruchverbreitende Flamme entwickelt; allmählich verdickt er sich wieder zu einer pech- oder harzähnlichen Masse.

An die Suionen schließen sich die Stämme der *Sitonen*; bei sonstiger Gleichheit in dem einen Punkte von

legunt. Nec quae natura quaeve ratio gignat, ut barbaris, quaesitum compertumve; diu quin etiam inter cetera eiectamenta maris iacebat, donec luxuria nostra dedit nomen. Ipsis in nullo usu; rude legitur, informe perfertur, pretiumque mirantes accipiunt. Succum tamen arborum esse intellegas, quia terrena quaedam atque etiam volucria animalia plerumque interlucent, quae implicata humore mox durescente materia cluduntur. Fecundiora igitur nemora lucosque, sicut Orientis secretis, ubi tura balsamaque sudantur, ita Occidentis insulis terrisque inesse crediderim; quae vicini solis radiis expressa atque liquentia in proximum mare labuntur, ac vi tempestatum in adversa litora exundant. Si naturam succini admoto igne tentes, in modum taedae accenditur, alitque flammam pinguem et olentem, mox ut in picem resinamve lentescit. Suionibus Sitonum gentes con-

jenen verschieden, daß ein Weib an ihrer Spitze steht; so tief sind sie nicht allein unter ein freies, nein selbst unter ein Sklavenvolk herabgesunken.

tinuantur; cetera similes uno differunt, quod femina dominatur; in tantum non modo a libertate, sed etiam a servitute degenerant. Hio Sueviae finis.

Peuciner. Veneter. Fennen. Schluß.

Wir stehen an der Grenze des Suevenlandes. Ob ich die Stämme der Peuciner, Veneter und Fennen germanisch oder sarmatisch nennen soll, weiß ich nicht. Die *Peuciner* allerdings, von einigen auch *Bastarner* genannt, zeigen in Sprache und Sitte, in der Art zu wohnen und zu bauen germanisches Wesen. Allgemeiner Charakter aber ist Schmutz und Stumpfsinn; als Folge von Mischehen macht sich ein gewisser Abfall zu sarmatischen Mißgestalten bemerklich. Die *Veneter* ihrerseits haben in ihrer Lebensweise viel Sarmatisches angenommen, denn das ganze Wald- und Gebirgsland, das sich zwischen Peucinern und Fennen erhebt, durchstreifen sie als Räuberhorden. Dennoch betrachtet man sie besser als Germanen, denn sie haben feste Wohnungen, tragen Schilde, sind Fußgänger und rüstige Läufer; alles im Gegensatz zu dem auf Roß und Wagen lebenden Sarmaten.

Des *Fennen* Art ist außerordentliche Wildheit und wüste Dürftigkeit; er hat weder Waffe, noch Roß, noch heimischen Herd; seine Nahrung sind die Kräuter des Feldes, seine Kleidung ein Thierfell, sein Lager der Erdboden, seine einzige Hoffnung der Pfeil, dessen Spitze er in Ermanglung des Eisens aus Knochen fertigt. Ein und derselbe Jagdzug muß Mann und Weib ernähren; beide ziehen gemeinsam aus und jedes heischt seinen Beutetheil. Die Kinder bergen sie in Ge-

Caput XLV.

Peucinorum Venetorumque et Fennorum nationes Germanis an Sarmatis ascribam dubito; quanquam Peucini, quos quidam Bastarnas vocant, sermone, cultu, sede ac domiciliis ut Germani agunt; sordes omnium ac torpor (procerum), conubiis mixtis nonnihil in Sarmatarum habitum foedantur. Veneti multum ex moribus traxerunt; nam quicquid inter Peucinos Fennosque silvarum ac montium erigitur, latrociniis pererrant. Hi tamen inter Germanos potius referuntur, quia et domos figunt et scuta gestant et pedum usu ac pernicitate gaudent; quae omnia diversa Sarmatis sunt, in plaustro equoque viventibus. Fennis mira feritas, foeda paupertas: non arma, non equi, non penates; victui herba, vestitui pelles, cubile humus; sola in sagittis spes, quas inopia ferri ossibus asperant. Idemque venatus viros pariter ac feminas alit; passim enim comitantur

flechten von Baumzweigen; das ist die einzige Zuflucht vor dem Raubthier und dem Regenguß; da kehrt auch der Erwachsene ein und birgt sich der Greis. Aber glücklicher dünkt sie dieses Loos, als hinter dem Pfluge zu keuchen, im Aufbau von Haus und Hof zu frohnen, eigenes und fremdes Gut in Furcht und Hoffnung umzutreiben. Sorglos vor den Menschen, sorglos vor den Göttern – so hat dieses Volk das Schwerste erreicht: sogar das Wünschen ist ihm kein Bedürfniß mehr.

Weiter hinaus beginnt schon das Reich des Märchens, so die Sagen von den *Hellusiern* und *Oxionen*, welche Kopf und Antlitz von Menschen, Rumpf und Glieder von Thieren haben sollen; unverbürgte Angaben, welche ich als solche auf sich beruhen lasse.

partemque praedae petunt. Nec aliud infantibus ferarum imbriumque suffugium, quam ut in aliquo ramorum nexu contegantur; huc redeunt iuvenes, hoc senum receptaculum. Sed beatius arbitrantur quam ingemere agris, illaborare domibus, suas alienasque fortunas spe metuque versare; securi adversus homines, securi adversus deos rem difficillimam assecuti sunt, ut illis ne voto quidem opus esset. Cetera iam fabulosa: Hellusios et Oxionas ora hominum voltusque, et corpora atque artus ferarum gerere; quod ego ut incompertum in medium relinquam.

Über tredition

Eigenes Buch veröffentlichen

tredition wurde 2006 in Hamburg gegründet und hat seither mehrere tausend Buchtitel veröffentlicht. Autoren veröffentlichen in wenigen leichten Schritten gedruckte Bücher, e-Books und audio-Books. tredition hat das Ziel, die beste und fairste Veröffentlichungsmöglichkeit für Autoren zu bieten.

tredition wurde mit der Erkenntnis gegründet, dass nur etwa jedes 200. bei Verlagen eingereichte Manuskript veröffentlicht wird. Dabei hat jedes Buch seinen Markt, also seine Leser. tredition sorgt dafür, dass für jedes Buch die Leserschaft auch erreicht wird.

Im einzigartigen Literatur-Netzwerk von tredition bieten zahlreiche Literatur-Partner (das sind Lektoren, Übersetzer, Hörbuchsprecher und Illustratoren) ihre Dienstleistung an, um Manuskripte zu verbessern oder die Vielfalt zu erhöhen. Autoren vereinbaren direkt mit den Literatur-Partnern die Konditionen ihrer Zusammenarbeit und partizipieren gemeinsam am Erfolg des Buches.

Das gesamte Verlagsprogramm von tredition ist bei allen stationären Buchhandlungen und Online-Buchhändlern wie z. B. Amazon erhältlich. e-Books stehen bei den führenden Online-Portalen (z. B. iBookstore von Apple oder Kindle von Amazon) zum Verkauf.

Einfach leicht ein Buch veröffentlichen: **www.tredition.de**

Eigene Buchreihe oder eigenen Verlag gründen

Seit 2009 bietet tredition sein Verlagskonzept auch als sogenanntes "White-Label" an. Das bedeutet, dass andere Unternehmen, Institutionen und Personen risikofrei und unkompliziert selbst zum Herausgeber von Büchern und Buchreihen unter eigener Marke werden können. tredition übernimmt dabei das komplette Herstellungs- und Distributionsrisiko.

Zahlreiche Zeitschriften-, Zeitungs- und Buchverlage, Universitäten, Forschungseinrichtungen u.v.m. nutzen diese Dienstleistung von tredition, um unter eigener Marke ohne Risiko Bücher zu verlegen.

Alle Informationen im Internet: **www.tredition.de/fuer-verlage**

tredition wurde mit mehreren Innovationspreisen ausgezeichnet, u. a. mit dem Webfuture Award und dem Innovationspreis der Buch Digitale.

tredition ist Mitglied im Börsenverein des Deutschen Buchhandels.

Dieses Werk elektronisch lesen

Dieses Werk ist Teil der Gutenberg-DE Edition DVD. Diese enthält das komplette Archiv des Projekt Gutenberg-DE. Die DVD ist im Internet erhältlich auf **http://gutenbergshop.abc.de**

MIX

Papier | Fördert
gute Waldnutzung

FSC® C083411

Zeitfracht Medien GmbH
Ferdinand-Jühlke-Straße 7
99095 Erfurt, Deutschland
produktsicherheit@kolibri360.de